Vom Wienerwald zur Buckligen Welt

Vom Wienerwald zur Buckligen Welt
Wiener Becken & Wiener Alpen erleben

Alexandra Gruber
Wolfgang Muhr

Inhalt

Im Sinne der bestmöglichen Lesbarkeit schließt die Verwendung der männlichen Form stets auch Frauen mit ein.

Liebe Leserin, lieber Leser!

Eine vielfach noch gängige Bezeichnung für den Südosten Niederösterreichs lautet Industrieviertel. Dieser Name lässt im Kopf sofort Bilder von rauchenden Fabriksschloten, zubetonierten Landstrichen und Überstunden am Fließband entstehen. Kein Wunder, dass die Touristiker damit noch nie glücklich waren. Darum unterteilten findige Marketingstrategen das facettenreiche Viertel in kleinere Regionen, um sie gesondert unter klingenden Begriffen wie Wiener Alpen, Bucklige Welt, Wienerwald oder Thermenregion bewerben zu können.

Seit Mitte des 19. Jahrhunderts ist das »Viertel unter dem Wienerwald«, wie es ursprünglich bezeichnet wurde, verkehrstechnisch eng mit der Bundeshauptstadt verbunden. Ab diesem Zeitpunkt strömten die Sommerfrischler in das Rax-Schneeberg-Gebiet, auf den Semmering, in die Kurorte oder in den Wienerwald. Für sie wurden mondäne Villen und Hotels, Thermalbäder und später auch Seilbahnen gebaut. Im Industrieviertel schuf das technische Genie Carl Ritter von Ghega die erste Hochgebirgsbahn der Welt, erdachte Karl Renner seine Strategie zur Gründung der Zweiten Republik und holte sich Ludwig van Beethoven Inspirationen auf ausgedehnten Wanderungen. In seinem mittleren und nördlichen Teil liegt das Gebiet, das ihm seinen Namen gab. Die Industrialisierung zog hier früh ein und hinterließ selbstbewusste Orte und Städte, die ihre Geschichte und Geschichten heute stolz präsentieren.

Um seine Besonderheiten aufzuspüren, durchquerten wir monatelang das vielfältige Viertel. Wir streiften durch die weitläufigen, verlassenen Salons und Zimmerfluchten eines Fin-de-Siècle-Hotels, erforschten unterirdische Höhlen und Kriegsstollen, begaben uns auf die Spuren des Raxkönigs, staunten über ein wundersames Weihnachtslicht und eine makabre Schädelsammlung, schmunzelten über kuriose Begebenheiten in einem amtsschimmelgeplagten Dorf, besuchten ein 1.000 Meter hohes »Kino« und einen nachts künstlich beleuchteten Wasserfall, kamen auf Tuchfühlung mit Steinböcken, setzten auf einer Trabrennbahn aufs falsche Pferd, wandelten wie Riesen durch eine Miniaturwelt, entschleunigten in den Sehnsuchtsorten der Sommerfrischler, folgten dem Weg des Wassers und dem Ruf der Berge, lauschten der Boygroup Gottes, feierten wie Kelten und Römer und begegneten dem Wächter von Ghegas Erbe.

»Nomen est omen« trifft in diesem Fall wohl nicht zu. Oder denken Sie noch immer an rauchende Fabriksschlote?

Wien, September 2019
Alexandra Gruber und Wolfgang Muhr

Schiene, Berg und Tal

NIEDERÖSTERREICH
(MOSTVIERTEL)

WIEN

Donau

• Mödling

• Baden

• 7

• 6
• 5

• 4
Wiener Neustadt

• 3
△ Schneeberg (2.076 m)

BURGENLAND

• 3

• Neunkirchen

• 2
• Gloggnitz
• 1
• Semmering

STEIERMARK

Bruck an der Leitha

Wussten Sie, dass … ?

… die Semmeringbahn die erste Hochgebirgs-eisenbahn der Welt war?

… in der Steinwandklamm Regierungsmitglieder den fast zwanzigfachen Eintrittspreis eines Durchschnittsbürgers bezahlen müssen?

… der höchstgelegene Bahnhof Österreichs auf dem Schneeberg liegt?

… in Furth an der Triesting das größte Spiegelei der Welt gebraten wurde?

1   20-Schilling-Blick, Semmering
Ghega-Museum, Breitenstein

Der ewige Wächter der Kalten Rinne
Vom Wolfsbergkogel aus hat man den fulminantesten Blick auf die erste Hochgebirgseisenbahn der Welt. Das Vermächtnis ihres Erbauers wird im Ghega-Museum wie ein Schatz gehütet.

Der Ausblick von der Besucherplattform am Wolfsbergkogel ist einfach umwerfend. Unsere Augen wandern immer wieder aufs Neue von links nach rechts über das Kalte-Rinne-Viadukt, die Polleroswand, das Krausel-Klause-Viadukt bis nach Breitenstein und wieder zurück. Sie folgen einem Bindeglied aus Stahl, dem Schienenstrang der Semmeringbahn. Dahinter erheben sich mächtig die Rax und der Schneeberg.

Dieses großartige Alpenpanorama wurde im letzten Jahrhundert mehrfach auf Briefmarken und Banknoten gedruckt. Am bekanntesten ist die Abbildung auf der Rückseite des vorletzten (1968–1989) 20-Schilling-Scheins. Auf der Vorderseite war der gebürtige Venezianer Carl Ritter von Ghega (1802–1860) verewigt, der Erbauer der Semmeringbahn. Mit der ersten Hochgebirgsbahn der Welt vollbrachte er eine technische Meisterleistung im frühen Industriezeitalter. Das Wunderwerk der Technik bildet eine perfekte Symbiose mit der umgebenden Natur und überwindet eine Höhendifferenz von 457 m. Auf 41 km Länge passiert die Bahn 15 Tunnel und überquert 16 Viadukte sowie 100 Brücken.

Als Wien und Triest Mitte des 19. Jahrhunderts mit einer Bahnlinie direkt verbunden werden sollten, gab es ein großes Hindernis: den Semmering. Die Experten waren sich uneins, wie diese Herausforderung zu meistern sei. Schließlich setzte sich Ghega mit seinen Plänen durch. Unter der Leitung des Ingenieurs wurde 1848 mit dem Bau der Strecke begonnen, rund 20.000 Arbeiter waren im Einsatz. Etwa 1.000 von ihnen starben während dieser Zeit, einige bei Unfällen, noch mehr durch Seuchen. Trotzdem, nach einer Bauzeit von

Der Blick von Georg Zwickls Haus auf die Kalte Rinne.

Der ewige Wächter der Kalten Rinne

Der berühmte 20-Schilling-Blick ist ein beliebtes Fotomotiv.

lediglich sechs Jahren war der Abschnitt fertiggestellt. Die ideale Gebirgslokomotive wurde speziell für diese Trasse von Wilhelm Freiherr von Engerth (1814–1884) konstruiert. 1853 befuhr sie erstmals erfolgreich die gesamte Strecke, 1854 wurde die Semmeringbahn für die Allgemeinheit eröffnet.

Die Bahn und ihre Umgebung wurden 1998 mit dem Prädikat UNESCO-Weltkulturerbe geadelt. Das wunderbare Panorama, das wir vom Wolfsbergkogel aus genießen, kennt man seit 1968 unter der Bezeichnung »20-Schilling-Blick«. Auf der Besucherplattform entdecken wir ein Schild mit dem Konterfei Ghegas und dem Hinweis: »Ca. eine Stunde zum Museum«. Unser Interesse ist geweckt.

Ghegas Vermächtnis

»Mit jedem Wort, das ich über Ghega gelesen habe, wuchs meine Begeisterung über diesen Mann«, sagt Georg Zwickl. »Er hat mit

　　　　　　　　　　Schiene, Berg und Tal

eisernem Willen und gegen viel Widerstand ein Gesamtkunstwerk geschaffen.« Der Museumsgründer und seine Lebensgefährtin Helene Srnec leben im Wächterhaus Nummer 167 direkt gegenüber der zerklüfteten Polleroswand und gleich neben dem mächtigsten und wohl auch bekanntesten Viadukt der Semmeringbahn, das über die Kalte Rinne führt. Gefühlt alle fünf Minuten taucht ein Zug aus dem Inneren des Berges auf und fährt in einem eleganten Bogen in wenigen Metern Entfernung an seinem Haus vorbei. 120 Züge täglich passieren diese Strecke, früher waren es 360. »Ich hör das gar nicht mehr«, sagt Zwickl gelassen und zieht an seinem Zigarillo. Die ungewöhnliche Lage in 845 Meter Höhe oberhalb der Kalten Rinne hat sich der ehemalige Busfahrer ganz bewusst als Wohnsitz ausgesucht. 2008 erwarb er das alte Bahnwärterhaus von den ÖBB. »Es war eine Ruine. Zehn Jahre stand es leer, beim Dach hat es reingeregnet.« Aufwendige Renovierungsarbeiten folgten. Der Pensionist schätzt, dass sein Heim um 1850 gebaut worden ist. »52 dieser Häuschen hat es entlang der Bergstrecke von Gloggnitz bis Mürzzuschlag gegeben. Die Bahnwärter mussten in Hör- oder Sichtweite zueinander wohnen, denn sie verständigten sich damals mit akustischen und später auch mit optischen Signalen.«

Zuvor lebte Zwickl viele Jahre in Baden, aber dieser Ort nahe der Kalten Rinne zog ihn schon immer magisch an. »Ich spürte jedes Mal, dass hier etwas Bedeutendes passiert ist, ich wusste aber nicht, was.« Bis eines Tages ein Einheimischer vorbeikam und ihm erzählte, dass Carl Ritter von Ghega sehr oft den Waldweg hinter dem Bahnwärterhäuschen hinaufgewandert sei. Von diesem Platz aus hatte der Ingenieur einen großarten Blick auf sein Viadukt. »Nach dem Gespräch rief ich alle möglichen Leute an und fragte, ob irgendwo ein Ghega-Museum existiere. Es gab keines, weder in Österreich noch in Italien. Also habe ich eines gegründet.«

Zwickls 120 m² großes Haus ist zweigeteilt. Den ersten Stock bewohnt er gemeinsam mit seiner Partnerin, im Erdgeschoß befindet sich sein Museum. »Das Staatsarchiv hat mich während der Gründungsphase sehr unterstützt.« Während unseres Gesprächs wird er vom Läuten seines Handys unterbrochen. »Nein, ich sitze nicht faul auf der Terrasse, ich gebe ein Interview«, sagt Zwickl und lacht. Nachdem er aufgelegt hat, erklärt er: »Das war ein Freund, der gerade mit dem Zug vorbeigefahren ist.« Dass ihm ständig die Lokführer aus den Fahrerkabinen zuwinken, ist uns bereits aufgefallen. Den 68-jährigen und sein Ghega-Museum mit dem angeschlossenen kleinen Gastronomiebetrieb kennt man in der Umgebung. Die Einheimischen kommen gerne zur Kaffeejause vorbei. »Helenes Palatschinken sind ein Traum. Manche Leute besuchen uns nur deswegen.« Das Geheimnis sei der fluffige Teig, Genaueres will die Küchenchefin nicht verraten.

Die Wanderer hingegen werden von der herrlichen Aussicht angelockt, auf Wunsch führt sie Zwickl durch die Ausstellung. »Ich hatte schon Besucher aus Australien oder China hier«, erzählt er. Vor allem aus Deutschland kämen viele Ghega-Fans.

Gekommen, um für immer zu bleiben

»So haben sie zur Jahrhundertwende Gleise verlegt«, erklärt Zwickl. Er führt uns durch sein Museum und zeigt auf ein Schwarz-Weiß-Foto, während er weiter ausführt. »Heute schaffen drei Mann mit Hilfe der Technik einen Meter Gleis pro Minute. Damals dauerte es wesentlich länger.« Manche Ideen aus der Mitte des 19. Jahrhunderts erscheinen heute abwegig. So wurde etwa eine Zahnradbahn über den Semmering angedacht, andere wollten die Waggons von Arbeitern nach oben ziehen lassen. »Damals hat niemand geglaubt, dass eine Eisenbahn aus eigener Kraft über einen Berg fahren kann.«

Die Sammlung rund um Ghega und den Bau der Semmeringbahn ist Zwickls kostbarster Schatz, den er mit viel Liebe hegt und pflegt. Sie umfasst Originalstücke aus dem Baubüro und der Baustelle, Dokumente und Fotos. Unter anderem ist auch ein Modell der Kalten Rinne ausgestellt, auf dem auch Zwickls Bahnwärter-Häuschen verewigt ist. Besonders stolz ist er auf den originalen Zeichentisch aus Ghegas Baubüro, daneben hat er einen Schreibtisch aus jener Zeit mit passenden Utensilien aufgestellt. »Ich habe ein Büro für den Herrn Ingenieur eingerichtet, weil ich hoffe, dass er wieder mal vorbeischaut.« Er spüre noch immer die Anwesenheit des Genies und halte sein Vermächtnis in Ehren. Ghegas Geburtstag wird jedes Jahr am 10. Jänner im Museum gefeiert. »2018 haben wir ihm diese Biedermeier-Uhr geschenkt, die hier an der Wand hängt«, sagt Zwickl. Dieses Fest sei immer ein besonderer Spaß. »Helene bäckt eine Geburtstagstorte, wir laden ein paar Freunde ein, und dann rufen wir laut: ›Lang lebe Ghega!‹«

Nicht nur der Techniker, auch der Mensch Ghega imponiert dem Museumsdirektor. »Die Sicherheit der Arbeiter war ihm sehr wichtig, zum Beispiel hat er den Beruf des Schulungsbeamten eingeführt. Mit seinesgleichen, den hohen Herren, zerstritt er sich hingegen oft.«

Noch eine Schlüsselfigur aus den Anfängen der Semmeringbahn wird in der Ausstellung gewürdigt. Der heute fast vergessene Wilhelm Freiherr von Engerth konstruierte die erste praxistaugliche Gebirgslokomotive, erst durch seine Leistung wurde die Fahrt über den Semmering möglich. »An den Techniker Engerth erinnert genau nichts«, ärgert sich Zwickl. »Selbst sein Grab in Baden wollte man schleifen. Das konnte ich verhindern. Nun pflege ich das halt auch noch.«

Ob ihm die selbstauferlegte Verantwortung nicht doch manchmal über den Kopf wachse? »Wenn ich etwas bereue, dann nur, dass ich nicht schon vor 30 Jahren hierhergezogen bin.« Er sei gekommen um zu bleiben, und zwar für immer. »Ich habe bereits veranlasst, dass meine Urne an diesem Ort versenkt wird«, erzählt Zwickl. »Ich bin der ewige Wächter der Kalten Rinne.«

Info

Ghega-Museum
Kalte-Rinne-Straße 45, 2673 Breitenstein
An den Wochenenden und an Feiertagen geöffnet, an Wochentagen wird um telefonische Voranmeldung gebeten.
• www.ghega-museum.at

Tipp

Bahnfahren für Romantiker
Der Gumpoldskirchner Tunnel auf der Südbahnstrecke zwischen Gumpoldskirchen und Pfaffstätten wurde 1841 fertiggestellt und ist der älteste Bahntunnel Österreichs. Bekannt ist er unter dem Namen »Busserltunnel«, weil die Durchfahrt durch den Katzenbühel früher so lang wie ein kurzer Kuss gedauert haben soll. Bei einer Geschwindigkeit von 60 km/h und eine Länge von 165 m war es etwa für 10 Sekunden dunkel. Der Name »Busserltunnel« tauchte bereits 1857 in einem Reiseführer auf.

Weinseligkeit unter Schienen
Zum 150-jährigen Jubiläum der Semmeringbahn eröffneten die Payerbacher eine Weinstube in einer ungewöhnlichen Location.

Lokomotiven fahren die Decke entlang, Schienen tauchen auf den zwölf Meter hohen Wänden auf und verschwinden wieder, Land-schaftsaufnahmen vom Semmering wandern im Raum umher. Passend dazu hören wir alle paar Minuten einen Zug über unseren Köpfen rattern. Dieses Geräusch ist allerdings kein Teil der Multi-mediashow, sondern ganz real. Treffend werben die Payerbacher mit dem Slogan »Da fährt der Zug drüber« für ihr Vinodukt.

»In nur einem halben Jahr haben wir das Projekt auf die Beine gestellt«, erzählt Peter Pasa. Er ist der Altbürgermeister der Gemein-de Payerbach, in der die Strecke hinauf zum Semmeringpass ihren steilen Anfang nimmt. Die Vinodukt-Betreiber schenken ausschließ-lich Wein aus den Anbauregionen entlang der Südbahn zwischen Wien und Triest aus. Im Rahmen der Verkostung läuft im ersten der beiden mit Bahn-Devotionalien dekorierten Räume ein Film über die Geschichte der Semmeringbahn. Das Ungewöhnlichste an dem kleinen Heurigen ist jedoch die Adresse, ist er doch in einem zwölf Meter hohen Gewölbe direkt in einem Viadukt untergebracht. Daher auch der Name »Vinodukt«, eine Kombination aus »Vinothek« und »Viadukt«. Mit seinen 13 Bögen ist das Schwarza-Viadukt das längste der Semmeringbahn und vermutlich weltweit das einzige, das eine Weinstube beherbergt.

Zum 150-jährigen Jubiläum der Semmeringbahn 2004 wollte sich die Gemeinde etwas Besonderes einfallen lassen. Lediglich ein halbes Jahr blieb Zeit, um eine Geburtstagsüberraschung für das Welt-kulturerbe umzusetzen. Es war sozusagen höchste Eisenbahn, doch man stellte die richtigen Weichen, denn der Bürgermeister hatte eine Idee. »Wir wussten, dass es im Viadukt zwei leerstehende Räume gab, die die ÖBB nicht nutzten«, erzählt er. Carl Ritter von Ghega hatte sie einst in das Schwarza-Viadukt einarbeiten lassen. Vermutlich sollten sie im Falle eines Krieges zur Verteidigung als Sprengkammern die-

Multimediashow im Vinodukt.

nen. Die Bundesbahnen überließen der Gemeinde die historischen Räumlichkeiten, die wiederum engagierte einen Architekten und einen Videokünstler für die Umsetzung des Projekts.

Das Jubiläum ist schon lange vorbei, das Vinodukt ist in der Zwischenzeit ein lieb gewordener Treffpunkt für Einheimische und auch ein Ausflugsziel für Besucher geworden. Jeden Freitag ab 18.30 Uhr wird die Bahnschranke vor dem Eingang des Vinodukts hinaufgekurbelt, um zu signalisieren: »Ausg'schenkt wird!«. »Auf Anfrage öffnen wir auch jederzeit für Gruppen«, betont Pasa. In diesem Fall wird zum gewünschten Termin eine Verkostung arrangiert. Meist werden drei verschiedene Weine gereicht, dazu gibt es Nussbrot. Das ganze Jahr über hat es in dem Gewölbe rund 15 Grad, ein idealer Ort für eine gemütliche Wanderpause an Hundstagen.

Info
Vinodukt Payerbach
im Schwarzaviadukt, 2650 Payerbach
Peter Pasa: 0660-2516160
• www.tourismus-payerbach.at

Tipp
Regionales Bier vom Feinsten
Auch Biertrinker werden in Payerbach fündig. Im Raxbräu beim Schwarzatal-Viadukt werden naturbelassene Helle und Dunkle gebraut, die weder filtriert noch pasteurisiert sind. Zwischenzeitlich überrascht Braumeister Franz Gerhofer immer wieder mit köstlichem Saisonbier. Der Gerstensaft wird in der eigenen Brauerei zu bestimmten Öffnungszeiten verkauft und ist so begehrt, dass eine telefonische Vorbestellung anzuraten ist.
• alt.tourismus-payerbach.at/attraktionen/das-raxbrau

3 Schneebergbahn und Rax-Seilbahn, Rax-Schneeberg-Gebiet

Beschleunigte Gipfelsiege

Der höchstgelegene heimische Bahnhof liegt am höchsten Berg Niederösterreichs. Seit 1926 bringt die erste Seilschwebebahn Österreichs Passagiere auf die Rax.

»Wie heißt denn der Berg da vorne, der mit dem Schnee?«
»Schneeberg.«»*Alles klar. Blöde Frage, blöde Antwort.«*
Als sich dieser Dialog bei einem Rundflug zwischen einem Piloten und einem deutschen Touristen ereignete, flogen sie gerade über die imposante Alpenlandschaft. Obwohl Sommer, leuchteten auf dem massiven Zweitausender noch die Schneefelder. Mit 2.076 m ist der Schneeberg der höchste Gipfel Niederösterreichs, bereits seit 1897 muss man ihn nicht mehr komplett zu Fuß erklimmen. Seit mittlerweile über 120 Jahren bringt die Zahnradbahn Passagiere vom Bahnhof Puchberg am Schneeberg bis auf eine Höhe von 1.800 m. Ab 1999 sind neben den Dampflokomotiven auch die markanten Salamander-Züge im Einsatz. Seit der Eröffnung des Bergbahnhofs Hochschneeberg 2009 befindet sich hier zugleich der höchstgelegene Bahnhof Österreichs. Die Schneebergbahn fährt mehrmals täglich in der Saison die 9,8 km lange Strecke.

Bei unserer Fahrt ist der Salamander bis auf den letzten Platz besetzt. Langsam schiebt sich der auffällig grün-gelbe Zug hinauf, flankiert von dichten Nadelwäldern auf der einen und Felswänden auf der anderen Seite. Etwa 40 Minuten dauert die Fahrt mit der längsten Zahnradbahn Österreichs. Bei der vorletzten Haltestelle, der Station Baumgartner, wird eine 5-minütige Pause eingelegt. Grund sind die empfehlenswerten flaumigen Buchteln mit Powidl- oder Marillenfüllung, mit denen sich hier viele Fahrgäste (auch wir) versorgen.

Auf dem Hochplateau beim Historischen Berghaus Hochschneeberg genießen wir die herrliche Aussicht sowie die kulinarischen Spezialitäten des Hotels. Vor allem der überdimensionale Original-Schneeberg-Krapfen mit Schlag und Vanillesauce erfreut sich

Das Elisabethkirchlein auf dem Schneeberg wurde im Andenken an Sisi von Kaiser Franz Joseph I. in Auftrag gegeben.

Beschleunigte Gipfelsiege

großer Beliebtheit. Das Berghaus wurde von Wiener Ringstraßenarchitekten erbaut und 1898 eröffnet. An vergangene Sommerfrische-Tage erinnert eine Ausstellung in den Gasträumen, bei der Exponate aus der Zeit rund um 1900 präsentiert werden. Von der Gaststätte aus kann man den Gipfel des Berges, das Klosterwappen, in etwa eineinhalb Stunden erwandern.

In unmittelbarer Nähe zum Bahnhof thront das Elisabethkirchlein in exponierter Lage. Das kleine Jugendstil-Gotteshaus wurde 1901 im Andenken an Sisi von Kaiser Franz Joseph I. in Auftrag gegeben. 1902 beehrte er mit seinem hohen Besuch die Bahn, den Berg, das Berghaus und natürlich die Kaiserin-Elisabeth-Gedächtniskirche. In Erinnerung daran schnauft noch heute an den Sonn- und Feiertagen im Juli und August eine historische Dampflok hinauf. Vis-à-vis der Elisabethkirche befinden sich eine Galerie

Höllentalaussicht mit herrlichem Blick auf den benachbarten Schneeberg.

und ein begehbares rostfarbenes Kaleidoskop, das multimediale Einblicke in Geschichte und Geologie des Schneebergs offeriert. Der beschilderte Rundweg »Paradies der Blicke« nimmt ebenfalls am Bahnhof seinen Ausgang.

Wir wandern Richtung Gipfel und passieren nach etwa 20 Minuten die Schutzhütte Damböckhaus. Trotz der Terrasse mit dem fast schon kitschig-schönen Panoramablick und der herrlich duftenden Hausmannskost spazieren wir weiter, eine Pause muss erst noch verdient werden. Wir erreichen eine Abzweigung, bei der es links Richtung Klosterwappen geht, rechts zur Fischerhütte. Wir wählen den linken Weg und steigen entlang von Markierungen hinauf bis zum Gipfelkreuz, wo wir die famose Fernsicht auf uns wirken lassen. Anschließend spazieren wir zur Fischerhütte, der höchstgelegenen Schutzhütte Niederösterreichs. Hier machen wir Rast, bevor wir den Rückweg zum Berghaus antreten.

Schiene, Berg und Tal

Wo Sigmund Freud Stammgast war

»Die Welt wird doch mit jedem Tage schöner und freier und das Wiener Dasein immer erträglicher. Schon deshalb, weil man jetzt in zehn Minuten auf 1.000 Meter Höhe auf diese große, enge Welt hinunterblicken kann«, schwärmte der Journalist und Autor Ludwig Hirschfeld am 10. Juni 1926 in der *Neuen Freien Presse*.

Seit 1926 bringt die älteste österreichische Personen-Seilschwebebahn Touristen auf die Rax (2.007 m). Schon im ersten Betriebsjahr transportierte sie von der Talstation im Sommerfrische-Paradies Reichenau an der Rax 180.000 Passagiere auf eine Seehöhe von 1.545 m, und sie fährt noch immer. Täglich, ganzjährig und schnell, eine Fahrt dauert heute lediglich acht Minuten.

Die Seilbahnbergstation befindet sich im Raxalm Berggasthof, der zugleich ein Hotel ist und auf seiner Terrasse einen grandiosen Panoramablick bietet. In etwa einer halben Stunde erreichen Spaziergänger von hier aus das Ottohaus. Sigmund Freud, Ende des 19. Jahrhunderts Stammgast in Reichenau an der Rax, behandelte hier im Sommer 1893 die Wirtstochter Aurelia Kronich. Er veröffentlichte ihren aufsehenerregenden Fall zwei Jahre später in den *Studien über die Hysterie*.

Unterhalb der Schutzhütte wird im 4.000 m² großen »Alpengarten Rax« die Vielfalt der Bergwelt-Flora gezeigt, etwa 200 Pflanzenarten, darunter auch Raritäten wie Edelweiß und Enzian. Ebenfalls vom Ottohaus mit einer kurzen Wanderung erreichbar ist die höllisch gute Höllentalaussicht mit herrlichem Blick ins Tal.

Info
Schneebergbahn
Bahnhof Puchberg, Bahnhofplatz 1, 2734 Puchberg am Schneeberg
• www.schneebergbahn.at
Rax-Seilbahn
Dr.-Ewald-Bing-Straße 3, 2651 Reichenau an der Rax
• www.raxalpe.com

Tipp
Kurpark Puchberg am Schneeberg
Gegenüber vom Bahnhof Puchberg liegt der rund ein Hektar große und zauberhaft idyllische Kurpark. Der darin künstlich angelegte Teich (mit Bootsverleih) wird von einem moosbewachsenen Springbrunnen und einem kleinen Pavillon geziert. Nach der Bergwanderung lässt sich im Parkcafé Langegger herrlich abhängen und das Elisabethkirchlein nun gemütlich von unten betrachten.

Ein Kino, nah am Himmel

Der Naturpark überrascht mit einer unglaublichen Vielfalt und bietet sowohl adrenalinhaltiges als auch kontemplatives Programm.

Über der Sonnenuhrwand ragt die Aussichtsterrasse Skywalk über dem Abgrund acht Meter aus einem Felsen. Der Wind pfeift uns auf dem 18 Tonnen schweren Stahlgerüst um die Ohren, Paragleiter und Drachenflieger schweben vorbei, die Fernsicht ist fulminant. Durch die Eisengitter unter unseren Füßen sehen wir, wie tief es nach unten geht. Die adrenalinfördernde Plattform hat der Naturpark Hohe Wand 2002 zur Freude der Besucher errichtet.

»Wir wollten ein authentisches Höhenerlebnis für alle möglich machen«, sagt Naturparkmitarbeiterin Selma Karnitsch und nimmt auf einer der verzinkten Bänke Platz, die hinter dem Skywalk auf noch festem Grund errichtet wurden. Die Knie der nicht ganz Schwindelfreien werden beim »himmlischen Spaziergang« butterweich, für sie ist dieser Platz als Alternative gedacht. Die Assoziation mit einem Lichtspieltheater ist beabsichtigt. »Unsere 40 Sitzgelegenheiten wurden wie Kinosessel gruppiert, das Panorama ist die Leinwand«, erklärt sie.

Der Naturpark wird jeder Altersgruppe und jedem Fitnessgrad gerecht, das Ausflugsziel Hohe Wand besticht durch seine Vielfalt. Das eigentliche Highlight, das sei trotzdem der Berg, sagt Selma. Die steilen Felsabbrüche haben ihm seinen Namen gegeben, der Naturpark wurde 1969 gegründet und umfasst 2.000 Hektar. Erreichbar ist das Plateau über Klettersteige und seit 1932 über eine Panoramastraße, die direkt zum Naturparkzentrum führt und auf der an den Wochenenden und Feiertagen vom Land Niederösterreich von den Autofahrern ein kleiner Obolus eingehoben wird.

Viele kombinierbare (Rund)-Wanderwege führen durch die postkartentaugliche Landschaft. Entlang des etwa 2,5 km langen Kindererlebnisweges wurden spezielle Attraktionen für die Kleinen errichtet, sie können etwa das »Geheimnis vom Hexenwald« erkunden oder sich auf die Suche nach einem Naturschatz machen. Außer-

Fulminanter Fernblick: Die Aussichtsplattform Skywalk ragt hoch über dem Abgrund acht Meter aus einem Felsen.

dem führt er an einem Spielplatz, einem Streichelzoo mit rund 100 Tieren (Ziegen, Schafe, Kaninchen, Esel, Ponys, Mufflons ...) und einem Murmeltiergehege vorbei. Als Draufgabe können kleine und »große« Kinder in einen begehbaren Murmeltierbau krabbeln, um die Lebenswelt der Tiere nachzuempfinden.

Vom Naturparkstüberl aus ist ein 18 m hoher Aussichtsturm in wenigen Minuten zu Fuß erreichbar. Während man beim östlich gelegenen Skywalk den Sonnenaufgang erleben kann, ist der Turm während der Abenddämmerung der beste Platz. Nach rund 100 Stufen wird man mit einem herrlichen Blick auf Schneeberg, Ötscher und dem Hochplateau der Hohen Wand entschädigt. Der Schneeberg sendet sein frisches Lüfterl, vor dem heimelige Strandkörbe! auf der Aussichtsplattform schützen.

Kraxler haben die Qual der Wahl zwischen verschiedenen Schwierigkeitsgraden bei den Klettersteigen, Freunde von altem

Ein Kino, nah am Himmel

Handwerk kommen bei speziellen Vorführungen auf ihre Kosten. Um die jahrhundertealte Tradition des Kalkbrennens Besuchern näherzubringen, wird in regelmäßigen Abständen der Kalkofen mit Kalkstein aus dem Naturpark in Betrieb genommen. »Man hat hier lange Zeit Kalk gebrannt, es war eine wichtige Einnahmequelle der Bewohner, darum gibt es noch Überbleibsel von Öfen«, erklärt unsere Naturvermittlerin. Auch ein Kohlmeiler wird vom Naturpark-Team periodisch in Betrieb genommen. Früher gab es in diesem Gebiet Wanderköhler, die Holzkohle erzeugten. Auch dieses alte Gewerbe soll nicht in Vergessenheit geraten.

Der Felsenpfad, der bei der Gastwirtschaft Kohlröserlhaus seinen Anfang nimmt, ist nicht so bekannt wie sein prominenter Bruder, der Skywalk, aber mindestens genauso spektakulär. Rund 200 Stahlstufen schmiegen sich eng an die steile Felswand und führen an der kleinen Czerny-Höhle, auch Kohlröserlhöhle genannt, vorbei. »Wenn man viel Glück hat, kann man hier Steinböcken ganz nahekommen«, erzählt Selma. Geschätzt 40 bis 70 dieser alpinen Tiere leben hier in freier Wildbahn. Sie sind die Nachkommen von drei Alpensteinböcken, die 2003 aus einem privaten Gehege ausgebrochen sind und sich rasant vermehrten.

An diesem Tag haben wir sogar sehr viel Glück. Zwei Steinböcke verbringen ihre Siesta direkt auf dem Steg und haben nicht die geringste Lust, uns passieren zu lassen. Einer der Vierbeiner hüpft leichtfüßig auf die steile Wand, doch als wir uns nähern, versperrt er uns Eindringlingen erneut den Weg. Nach einer knappen Viertelstunde auf Tuchfühlung mit den Königen der Alpen haben wir verstanden und kehren um. Dieses Teilstück des Stegs ist hier und heute nicht unser Revier.

Hirsch trifft Lama

»Gemma Lamas streicheln!«, sagt Selma und marschiert Richtung Gehege. Insgesamt drei Lamas und drei Alpakas, allesamt Männchen, gehen regelmäßig mit Besuchern spazieren. Ja, genau so und nicht umgekehrt. Der Zweibeiner hält zwar pseudomäßig eine Leine in der Hand, aber die Kamele geben das Tempo vor. Wenn sie fressen möchten, fressen sie. Wenn sie austreten müssen, kann das dauern. Wenn sie einfach stehen und schauen wollen, tun sie das ebenso.

»Ich sag immer, das ist die beliebteste Männer-WG Österreichs.« Selma lacht. Kein Wunder, die Tiere sind von sanftem Gemüt, haben ein kuscheliges, weiches Fell und, man kann es nicht anders sagen, ein herziges Gschau. Während sich die Lamas widerspruchslos am Hals streicheln lassen, interessieren sich die Alpakas hauptsächlich für die Pflanzen am Wegesrand. Sie sind kleiner und zierlicher als Lamas und ihre Gesichter sehen aus, als ob sie aus dem Walt-Disney-Universum stammen würden. Alpakas werden in ihrer Heimat Südamerika hauptsächlich als Wolllieferanten gezüchtet, Lamas kann man auch als Lastentiere verwenden, zum Reiten eignen sich beide Rassen nicht. Einmal im Jahr werden die Tiere geschoren, die Wolle wird zweimal pro Saison in Filz- und Spinnworkshops mit Kindern verarbeitet.

In Begleitung der Kamele schlendern wir Richtung Rotwildgehege, dem Ziel der gemächlichen Wanderung. Dort kann man an Futterautomaten Getreidekörner für die Rehe und Hirsche, zum Teil herrliche Vierzehnender, kaufen und auf die Futterkrippe streuen. Hinter dem Zaun frisst das Wild, davor tun sich die Lamas und Alpakas gütlich, alle gemeinsam aus dem gleichen Trog. Ein seltener und friedvoller Anblick.

Info
Naturpark Hohe Wand
Kleine Kanzelstraße 241, 2724 Hohe Wand-Maiersdorf
• www.naturpark-hohewand.at

Tandemflüge
• www.fly-hohewand.at

Tipp
Tierisches Nikolo-Event auf der Hohen Wand
Beim und im Köhlerhaus veranstaltet das Naturpark-Team jedes Jahr am 8. Dezember einen »tierisch guten« Kinderadvent. Im Streichelzoo warten die Tiere, um von den kleinen Gästen verwöhnt zu werden. Eine Lamawanderung zum Hirschgehege mitsamt Fütterung und eine Fahrt mit der Pferdekutsche stehen dabei ebenso auf dem Programm wie Basteln, Singen und eine Stärkung am Lagerfeuer. Bei Einbruch der Dunkelheit schaut dann endlich der Nikolo vorbei.

5   Myrafälle, Muggendorf

Poesie des Wassers
Täglich stürzen fünf Millionen Liter Wasser über die Kaskaden der Myrafälle in die Tiefe. Das Naturdenkmal erstrahlt an den Wochenenden nach Einbruch der Dunkelheit in einer mystisch anmutenden Festbeleuchtung.

»Die Myrafälle sind höher als die Niagarafälle, aber Letztere stürzen ungebremst hinunter, bei uns gibt es hingegen viele kleine Stufen«, sagt Alfred Pottenstein. Der rüstige Pensionist läuft flott über die Brücken und Stege nach oben, oft macht er das mehrmals am Tag. Als Vereinsvorstand der Touristenklub Sektion Pernitz kümmert er sich um die Verwaltung der Muggendorfer Fremdenverkehrsattraktion. Um seinen reizvollen Arbeitsplatz könnte man ihn beneiden. »Es ist um einige Grad kühler als in Wien, manche Städter kommen im Hochsommer abends hierher, um sich abzukühlen«, schreit er, um das tosende Wasser zu übertönen. Erstaunlich, wie beruhigend und harmonisch Lärm sein kann, fast ein bisschen poetisch.

26 Brücken und sieben Stiegen führen auf dem gut ausgebauten Wanderweg durch das Naturdenkmal hinauf bis zum Stauweiher. Neben uns stürzt klares Gebirgswasser in die Tiefe, jeden Tag etwa fünf Millionen Liter. Durch den kräftigen Dauerregen der letzten Wochen und die noch andauernde Schneeschmelze donnert es derzeit besonders laut über die Kaskaden. Der namensgebende Myrabach entspringt am Fuße des Unterberges aus der Myralucke und wird von einem unterirdischen See gespeist. Rund 500 Jahre nutzte man die Myrafälle für Wassermühlen und Sägewerke. Reste einer Sägemühle sind noch erhalten, die Schleif- und Bremsspuren der mit Holz beladenen Pferdefuhrwerke sind nach wie vor in den Felsen sichtbar. 1912 wurde ein Speicherkraftwerk gebaut, das sechs Jahrzehnte lang in Betrieb war.

Am Stauweiher angekommen, wählen wir den linken Weg auf den Hausstein (664 m). Wir durchqueren Wälder, spazieren über eine idyllische Bergwiese und legen beim Gipfelkreuz mit Blick über den

An den Wochenenden erstrahlen die Wasserfälle nach Einbruch der Dunkelheit in einer beeindruckenden Festbeleuchtung.

Blick auf den Eingangsbereich und das Gasthaus Myra-Stubn.

Wiener Alpenbogen eine Pause ein. Danach wandern wir weiter zum oberen Stausee und wieder zurück zu unserem Ausgangspunkt beim Myrateich.

Inspiration für ein Zauberspiel

Zu Beginn des 19. Jahrhunderts tauchten die Myrafälle in den ersten Reiseberichten auf, Kaiser Franz II. und seine Gemahlin Maria-Theresa Karolina statteten ihnen daraufhin 1801 einen Besuch ab. Die Ehefrau von Franz II. wird häufig mit der bedeutenden Monarchin verwechselt, jene Maria Theresia starb allerdings bereits 1780. Wie immer folgten der Adel, wohlhabende Bürger und Künstler den ausgetretenen Pfaden der Kaiserfamilie. Auch Ferdinand Raimund soll durch die Magie der Landschaft zu seinem romantischen Zauberspiel *Der Alpenkönig und der Menschenfeind* inspiriert worden sein.

Im Zuge des Baus der Eisenbahnlinie Leobersdorf–Gutenstein im Jahr 1878 ließ der Österreichische Touristenklub Wege markieren und Brücken sowie Stege bauen, um dadurch die Myrafälle für Wanderer leicht begehbar zu machen. Bis heute betreut er das Naturdenkmal, inzwischen wurden auch Parkplätze und moderne Sanitäranlagen errichtet, Besucher haben die Wahl zwischen vier Gastronomiebetrieben.

Von Mai bis Oktober erstrahlen die Wasserfälle an den Wochenenden (Freitag, Samstag, Sonntag) und an Feiertagen nach Einbruch der Dunkelheit bis 23 Uhr in einer beeindruckenden Festbeleuchtung. Dann ist es auf den Brücken und Stegen meist sehr einsam, angesichts der tosenden Wasserfälle aber nie still.

Info
Österreichischer Touristenklub
Sektion Pernitz, Myrafälle 1, 2763 Muggendorf
• www.myrafaelle.at

Tipp
Ferdinand Raimund in Gutenstein
Der österreichische Dramatiker (1790–1836) liegt auf dem Bergfriedhof seiner Wahlheimat Gutenstein im Piestingtal, auch bekannt als Biedermeiertal, begraben. Er kam tragisch zu Tode. Als er von einem Hund gebissen wurde, nahm er fälschlicherweise an, das Tier wäre tollwütig und versuchte sich zu erschießen. Ein paar Tage später verstarb der Künstler an der Schussverletzung. Ihm zu Ehren finden seit mehr als einem Vierteljahrhundert in Schloss Gutenstein jeden Sommer die Raimundspiele statt. Dem Dramatiker und Schauspieler wurde auch eine Gedenkstätte mit Museum in dem Haus gewidmet, das er bei seinen Besuchen in Gutenstein bewohnte. In vier Räumen werden eine Vielzahl von Exponaten mit mehr oder weniger Bezug zu ihm präsentiert, unter anderem eine Haarlocke Raimunds.
• www.raimundspiele.at
• www.gutenstein.at/sehenswertes/museen/

Rolltreppenfahren in der Klamm
Der Betreiber des Triestingtaler Naturjuwels führt alle Jahre wieder Reporter und Wanderer hinters Licht.

Seit 2012 ereignet sich in Furth an der Triesting jedes Jahr zu Saisonbeginn Erstaunliches. Einmal wird direkt in der Klamm eine Rolltreppe eingebaut, ein anderes Mal der erste sensorgesteuerte Selfie-Elevator Europas, der folgendermaßen funktioniert: Der Sensor begleitet in einer Selfie-Halterung die Kletterer auf einer 15 m langen Leiter nach oben, damit sie sich selbst mit ihrem Handy filmen können. 2019 wurde ein 983 m langer Verbindungsstollen zwischen den Myrafällen (siehe Kapitel 5) und der Steinwandklamm gefunden, der mit Hilfe eines Investors rasch wieder begehbar gemacht werden konnte.

Eines dieser ungewöhnlichen Ereignisse lockte am 1. April 2016 einen Lokalreporter nach Furth, um über eine neue Pumpstation in der Steinwandklamm zu berichten. Die hochmoderne Anlage der Vorarlberger Firma Pumpi sollte laut Klamm-Betreiber Franz Singer in der Lage sein, bis zu zwei Millionen Sekundenliter Wasser in ein Sammelbecken zu pumpen. Diese Innovation würde selbst an den wochenlangen Hundstagen im Hochsommer für einen tosenden Wasserfall sorgen!

Der Redakteur hat die Einladung zur Einweihung der Pumpstation wohl nur flüchtig überflogen und das Datum ignoriert. Als ihm klar wurde, dass er das Opfer eines Aprilscherzes geworden war, nahm er es mit Humor. Die Geschichte erschien genauso in der Zeitung, wie sie sich zugetragen hatte.

»Seit 2012 lasse ich mir jedes Jahr etwas Kurioses einfallen, das ich am 1. April auf die Webseite stelle. Immer wieder fallen Leute auf meine Fake-News herein, der eine möchte den Selfie-Elevator nutzen, ein anderer mit der Rolltreppe fahren oder den Tunnel durchqueren«, erzählt Singer mit einem breiten Grinsen. Für 2020 habe er auch schon eine Idee. Der 79-jährige Klamm-Betreiber hat sich bei manchen den Ruf eines Querulanten erarbeitet, wir erleben ihn als bodenständig,

Beschauliche Wanderung entlang des Wasserfalls.

witzig und freundlich. Er äußert lediglich seinen Unmut energisch, wenn ihm etwas auf die Nerven geht – so ärgern ihn jene Wanderer, die sich heimlich beim Drehkreuz vorbei in die Klamm schleichen, weil sie zu geizig sind, um die paar Euro Erhaltungsbeitrag zu bezahlen. Obendrein stört ihn die überbordende EU-Bürokratie. Vor allem letztere Aversion wird den Besuchern nicht lange vorenthalten. Im Eingangsbereich steht eine Tafel mit der Aufschrift: »*EU-freie Zone. Hier gilt der gesunde Hausverstand! Vergessen Sie den Regulierungswahn der EU-Bürokraten!*« »Manchmal verziehen Leute das Gesicht, wenn sie die Hinweistafel lesen. Aber die meisten schmunzeln«, erzählt er. Mit Politikern im Allgemeinen hat der Klamm-Betreiber auch nicht viel Freude. »Regierungsmitglieder zahlen bei uns € 98,– Eintritt.« Natürlich sei in den letzten Jahren noch kein bekannter Parlamentarier vorbeigekommen, aber falls einer auftauchen sollte, würde er zur Kasse gebeten …

Rolltreppenfahren in der Klamm

Klamm-Betreiber Franz Singer ist naturverbunden und mag keine Bürokratie.

Türkenloch und das größte Spiegelei der Welt

Gemeinsam spazieren wir entlang eines Baches und überqueren im Wald eine Brücke, bis wir die Steinwandklamm erreichen. Von dort wandern wir in der Schlucht über Stege, Treppen und flache Wege kontinuierlich entlang des Wasserfalls. Singer hat die Klamm von seinem Vater geerbt, der das 35 Hektar große Grundstück in den 1930er Jahren erworben hat. Bis 2010 war sie an den Österreichischen Touristenklub (ÖTK) verpachtet, seither kümmert er sich selbst darum. »Ich bin hier aufgewachsen und kenne jeden Stein«, sagt Singer. Zwei- bis dreimal pro Woche gehe er in die Klamm, um die Steiganlagen zu kontrollieren. Die Wanderwege sind seit 1884 ausgebaut, Kaiser Franz Joseph I. war einer der ersten, der hier durchgegangen ist.

Nach rund zwanzig Minuten erreichen wir eine Abzweigung, rechts ist der Weg blau markiert, links führt eine rote Markierung zum Rudolf-Decker-Steig, wo mehrere Höhlen durchkrochen und fast

Schiene, Berg und Tal

senkrechte Leitern überwunden werden müssen. Die längste ist 15 m, kann aber auch auf einer sechs Meter hohen Leiter umgangen werden. Oben kommen wir bei den Wildschützhöhlen an. Von diesem Punkt aus erreichen wir rasch das Türkenloch, wo der Weg wieder mit dem blau markierten Pfad zusammentrifft.

Beide Routen, sowohl die über den Rudolf-Decker-Steig als auch die blau markierte einfachere Variante führen zu besagtem Türkenloch. In dieser finsteren Höhle sollen sich die Einheimischen im Jahr 1683 vor den Osmanen versteckt haben. Doch sie verrieten sich mit dem Rauch eines Feuers und wurden verschleppt oder getötet. Ob es sich dabei lediglich um eine Sage handelt, ist ungewiss, 1981 fanden Archäologen in der Höhle Münzen, Tonscherben und Knochen. Nach dem Verlassen des Türkenlochs folgen wir einem Waldweg und kehren eine Viertelstunde später beim Wirtshaus Jagasitz ein.

Bei Eiskaffee und Panoramablick erzählt Singer, dass ihm 1988–1990 auch ein Eintrag ins Buch der Rekorde gelungen sei. »Damals haben wir das größte Spiegelei der Welt mit 2.500 Eiern und einer Größe von 8 m² gebraten.« Singer sagt, er habe noch viel vor und plane, mindestens 150 Jahre alt zu werden. Der Spruch auf seiner Kappe verrät sein Motto: »Legenden sterben nicht im Bett.«

Info
Steinwandklamm
Steinwandgraben 8, 2564 Furth
• www.steinwandklamm.at

Tipp
Singers Schmankerl
Singers selbstgemachter Eierlikör soll der beste weit und breit sein. Er ist ebenso käuflich zu erwerben wie seine kaltgeräucherten Lachsforellen aus eigener Zucht.

Jährlich am ersten sonnigen Sonntag nach Ostern veranstaltet er ein Bärlauchfest, bei dem zur Gratisverkostung der Riesenbärlaucheierspeise aus seiner Rekordpfanne geladen wird.

Blühende Einöde
Im jüngsten Naturpark Österreichs lebten einst Mönche, die der Nachwelt ein Kloster, eine lange Steinmauer und einen Ort der Kontemplation hinterließen.

An den ersten warmen Tagen des Jahres wächst das Frühlingskraut Bärlauch massenhaft auf den feuchten Lichtungen, während die Schneeglöckchen schon wieder ihre Köpfchen hängen lassen. Zwischen schattigen Waldbäumen blitzen violett-blaue Blümchen hervor, Duft von Harz liegt in der Luft. In Mannersdorf, am Westhang des Leithagebirges, erstreckt sich die üppige Vegetation des Naturparks DIE WÜSTE auf einer Fläche von 106 Hektar. Die lateinische Redensart *nomen est omen* könnte nicht weniger zutreffend sein, denn unter einer »Wüste« stellt man sich etwas gänzlich anderes vor. Doch das Rätsel, wie der Naturpark zu seinem Namen kam, ist rasch gelöst. Die Bezeichnung ist lediglich einer unpräzisen Übersetzung zu verdanken und leitet sich vom griechischen Wort *eremos* ab, das »Einöde«, »Einsiedelei«, »Wüste« oder »einsam« bedeutet. »Wüste« setzte sich schließlich umgangssprachlich durch. Eine weitere Besonderheit des Naturparks ist die 4,5 km lange steinerne Mauer, die ihn umschließt.

Zentrum des heutigen Erholungsgebietes ist das ehemalige Karmeliterkloster St. Anna, das 1644 gegründet wurde. Mehr als hundert Jahre lang lebten und beteten hier »Unbeschuhte Karmeliten«, ihre Ruhe wurde jedoch zwischenzeitlich durch den Türkeneinfall von 1683 unterbrochen. Die Osmanen brannten das Kloster nieder, die Mönche mussten fliehen. Später wurde es wieder aufgebaut und erlebte unter der streng katholischen Maria Theresia seine Blütezeit. Die fromme Monarchin beehrte die Einsiedelei mehrmals mit ihrem Besuch, ihr Sohn Joseph II. hatte hingegen wenig für die kontemplative Gemeinschaft übrig und löste das Kloster 1783 auf. Danach verfiel das Gebäude im Laufe von 200 Jahren, bis man Teile davon in den 1980er Jahren sanierte. 1986 wurde schließlich der Naturpark eröffnet und ist damit der jüngste in Österreich.

Die Burgruine Scharfeneck war einst eine wehrhafte Festung, in die sich die Einheimischen flüchteten.

Zentrum des Naturparks ist das ehemalige Karmeliterkloster St. Anna.

Vom Parkplatz aus gelangen Besucher nach einem kurzen Spaziergang zum historischen Gotteshaus, das heute als Veranstaltungsort dient. Teiche, Obstwiesen und eine Lindenallee säumen den Weg. Erwachsene finden hier Ruhe und Natur, Kinder können sich austoben. Nahe den Klostermauern befinden sich ein Spielplatz und ein Heckenlabyrinth aus Kirschlorbeer, das die Kleinen zum Fangen und Verstecken spielen nutzen können. Rund um die Anlage grasen Pferde, Hochlandrinder und Ziegen, Blickfang ist eine riesige, angeblich 400 Jahre alte, weiße Platane. Im hinteren Trakt des Gebäudes befindet sich ein kleiner Naturkostladen, in dem an Wochenenden und Feiertagen Getränke und Selbstgemachtes wie Marmeladen, Liköre und hauseigener Speck vom Mangalitzaschwein verkauft werden.

Ebenfalls sehenswert ist die Burgruine Scharfeneck, die sich auf dem 347 m hohen Schlossberg inmitten des Naturparks erhebt. Ein Wanderweg führt direkt vom Kloster zu den Resten der einst wehr-

Schiene, Berg und Tal

haften Festung, die den Einheimischen 1683 Zuflucht vor den Türken bot. Die wuchtigen Außenmauern der vermutlich um das Jahr 1000 erbauten Burg ragen zum Teil noch bis zu zehn Meter in die Höhe, auch Reste von Türmen, Räumen und Kasematten sind noch erhalten. Das Betreten des Burghofes ist laut einem Hinweisschild wegen Einsturzgefahr verboten. Doch durch das nicht mehr vorhandene Tor und Maueröffnungen kann man einen Blick in das von der Vegetation überwucherte Innere werfen.

Industriedenkmal mit kreativem Veranstaltungsprogramm

Nur wenige Autominuten vom Naturpark entfernt liegt der Kalkofen Baxa, ein historisch einzigartiger Kalkschachtofen, der 1893 errichtet wurde. Der dazugehörige Steinbruch ist noch immer in Betrieb, während der Ofen 1972 stillgelegt wurde. In den Jahren 1996 bis 1998 wurde das Bauwerk generalsaniert und im Obergeschoß ein Kalkofen- und Steinabbaumuseum eingerichtet. Besonders beliebt sind die abwechslungsreichen Veranstaltungen, die in und rund um das Industriedenkmal stattfinden, etwa Ausstellungen, Kreativkurse, ein temporäres Café und ein Adventmarkt. Das innovative Programm wurde 2019 mit einer Auszeichnung in der Kategorie »außergewöhnliche Zusatzangebote« beim Museumsfrühling Niederösterreich belohnt.

Info

Naturpark DIE WÜSTE
Mannersdorf, 2452 Mannersdorf am Leithagebirge
• www.diewuestemannersdorf.at

Kalkofen Baxa
Am Goldberg 1, 2452 Mannersdorf am Leithagebirge
• www.kalkofenbaxa.at

Tipp

Stadtmuseum Mannersdorf
Die Geschichte des Klosters St. Anna in der Wüste, des Naturparks und der Ruine Scharfeneck ist im Stadtmuseum Mannersdorf aufgearbeitet, auch ein Modell der ehemaligen Burg Scharfeneck ist ausgestellt. Das Museum zählt zu den größten der Südostregion Niederösterreichs und besteht aus vier Abteilungen: Archäologie, Mineralien und Fossilien rund um das Leithagebirge, Volkskunde, Stadtgeschichte und Steinmetztechnik. Letztere ist übrigens die größte Sammlung dieser Art in Europa.
• www.stadtmuseummannersdorf.at

Wiener Neustadt

WIEN

Donau

NIEDERÖSTERREICH
(MOSTVIERTEL)

• Mödling

• Baden

Wiener Neustadt 8

11

12 • • 10
• 9

△ Schneeberg (2.076 m)

BURGENLAND

• Neunkirchen

• Gloggnitz

• Semmering

STEIERMARK

Bruck an der Leitha

Wussten Sie, dass…?

… der Bau Wiener Neustadts mit Lösegeld bezahlt wurde?

… auf dem berühmtesten Foto der Nachkriegsgeschichte »V-J Day in Times Square« eine gebürtige Wiener Neustädterin abgebildet ist?

… sich in der Burg zu Wiener Neustadt die älteste noch bestehende Militärakademie der Welt befindet?

… in Wiener Neustadt im 18. Jahrhundert die erste Frau weltweit zum Offizier ausgebildet wurde?

… in Wiener Neustadt vor dem I. Weltkrieg zahlreiche Flugrekorde aufgestellt wurden?

Das urbane Herz des Industrieviertels

Die zweitgrößte Stadt Niederösterreichs, einst wehrhafte Festung und Kaiserresidenz, präsentiert ihre facettenreiche Geschichte kurzweilig und zeitgemäß.

Nach der Freilassung des englischen Königs Richard Löwenherz im Jahr 1194 konnte sich der Babenbergerherzog Leopold V. über Silbermünzen in beträchtlicher Anzahl erfreuen. Er investierte seinen Anteil am Lösegeld in den Bau einer Stadt. In der steinigen und sumpfigen Einöde des Steinfelds ließ der Herzog eine befestigte Anlage mit der Grundrissform eines Rechtecks hochziehen und nannte sie etwas nüchtern »Neue Stadt« (*Nova Civitas*). Fertig. Sein Enkel, Friedrich II., genannt der Streitbare, ließ dann die »Babenbergerburg« errichten.

Eine Blütezeit als Kaiserresidenz erlebte sie im 15. Jahrhundert unter Kaiser Friedrich III. (1415–1493) und seinem Sohn Maximilian I. (siehe Kapitel 9). In den darauffolgenden Jahrhunderten wurde die Stadt am Steinfeld ordentlich malträtiert, doch sie überdauerte Feuersbrünste und Erdbeben, die Eroberung durch den ungarischen König Matthias Corvinus nach langer Belagerung und Angriffe der Osmanen.

Nach dem »Anschluss« 1938 wurde Wiener Neustadt zu einem Zentrum der deutschen Rüstungsindustrie und damit zu einem bevorzugten Ziel alliierter Luftangriffe. Rund 50.000 Fliegerbomben fielen während des Zweiten Weltkriegs auf die Stadt. 1945 war sie fast völlig zerstört, von 4.000 Gebäuden waren lediglich 18! unversehrt geblieben. Der Wiederaufbau dauerte mehr als ein Jahrzehnt, aber er gelang. Heute gilt Wiener Neustadt mit seinen rund 45.000 Einwohnern als urbanes Herz des südöstlichen Niederösterreichs und wichtige Industriestadt. Mittlerweile etablierte sie sich auch als beliebtes Ausflugsziel und lockt immer mehr Besucher an.

Der Wiener Neustädter Dom ist ein markantes Wahrzeichen der Stadt.

Das urbane Herz des Industrieviertels

Die Kasematten wurden für die Landesausstellung 2019 aufwendig renoviert.

Sieben Wunder

Mit dem Begriff »Die sieben Wunder von Wiener Neustadt« wird bereits seit den 1920er Jahren auf spielerische Art und Weise auf (ehemalige) Besonderheiten der nach St. Pölten zweitgrößten Stadt Niederösterreichs aufmerksam gemacht. Da der Nordturm des Doms keine Treppe hatte, waren die beiden Türme der Kirche einst mit einer Brücke verbunden. Sie wurde jedoch 1834 bei einem Großbrand zerstört, wieder aufgebaut und 50 Jahre später bei der notwendigen Erneuerung der beiden Türme nicht wieder errichtet (Kirche unter der Brücke).

Mit dem Wunder »schwankender Boden« wird darauf hingewiesen, dass die Gründung der Siedlung auf sumpfigem und morastigem Boden erfolgte. Auch soll es in Wiener Neustadt bis ins 19. Jahrhundert ein Haus gegeben haben, das ohne einen einzigen Nagel errichtet worden war. Zudem wird von Salat, der auf Bäumen wächst, und zwei Bächen, die sich kreuzen und quer übereinander fließen (siehe

Wiener Neustadt

Kapitel 42), berichtet. Mit der Kirche, unter der ein Heuwagen durchfahren kann, ist die St. Georgs-Kathedrale gemeint, ebenso befindet sich in diesem Gotteshaus das Grab zwischen Himmel und Erde, in dem Kaiser Maximilian I. (siehe Kapitel 9) ruht.

»Kuriositäten und Besonderheiten mit historischem Hintergrund«, nennt auf Nachfrage eine Mitarbeiterin des Stadtarchivs diese Geschichten, »mit dem Zweck, neugierig zu machen und vor allem bei Kindern Interesse zu wecken«.

Die Stadt und die Landesausstellung

Als Zentrum der Niederösterreichischen Landesausstellung 2019 hat sich Wiener Neustadt ordentlich herausgeputzt, Ausstellungsorte wie das Museum St. Peter an der Sperr und die Kasematten wurden saniert und adaptiert.

Im Museum, einem ehemaligen DominikanerInnenkloster aus dem 13. Jahrhundert, ist nach dem Ende der Landesausstellung wieder die Sammlung rund um die Stadtgeschichte eingezogen, die hier in modernerer Form präsentiert wird. In den Kasematten, Teilen einer mittelalterlichen Befestigungs- und Wehranlage, war für den Ausstellungszeitraum eine »Bibliothek« mit überdimensional großen Büchern eingerichtet worden. Die Schaustücke erzählten von der Mobilität zwischen den Regionen und der Historie des Umlands. In den unterirdischen Räumlichkeiten wurden Erweiterungen vorgenommen, so hat man etwa eine neue Bastei eingebaut, die nach der Landesausstellung für diverse Veranstaltungen wie Theateraufführungen oder Konferenzen genutzt wird.

Info
Museum St. Peter an der Sperr
Johannes von Nepomuk-Platz 1, 2700 Wiener Neustadt
• stadtmuseum.wiener-neustadt.at/stpeterandersperr

Tipp
Einkehr an der Stadtmauer
Direkt an der Stadtmauer und nur einen Katzensprung von den Kasematten entfernt liegt das denkmalgeschützte Café-Restaurant Zum Einhorn. Das Lokal eignet sich perfekt für einen lukullischen Abstecher nach einem Stadtbummel oder einer Führung. Je nach Wetter und Gusto kann man in dem romantischen Kellergewölbe aus dem 15. Jahrhundert oder auf der Gartenterrasse zwischen Oleandersträuchern und der mit Efeu bewachsenen Stadtmauer pausieren.
• einhorn.gusti.at/kontakt.php

9 Theresianische Militärakademie, Wiener Neustadt

Offiziersschmiede und Kaisergrab
In der Burg zu Wiener Neustadt befindet sich die älteste noch bestehende Militärakademie der Welt, in der angeschlossenen Kathedrale ist Kaiser Maximilian I. begraben.

Der eigentliche Anlass für die Gründung der Militärakademie war allerhöchster Unmut. »Ein jeder machte ein anderes Manöver im Marsch …; einer schoss geschwind, der andere langsam …«, kritisierte Maria Theresia in den ersten Jahren ihrer Regentschaft die abgehalfterte Armee, die gegen die Preußen eine Schlacht nach der anderen verlor. Eine Lösung musste her, also beauftragte die Monarchin ihren Feldzeugmeister Graf Daun, ein Regelwerk für das Heer zu verfassen. Sein Leitfaden wurde 1749 publiziert, zeitgleich setzte Daun seiner Herrscherin einen damals neumodischen Floh ins Ohr, nämlich die Notwendigkeit einer Offiziersausbildung. Nur drei Jahre später gründete Maria Theresia in der Burg zu Wiener Neustadt diese militärische Ausbildungsstätte. Offensichtlich war das Projekt erfolgreich, denn in der Schlacht von Kolin 1757 gingen die österreichischen Truppen erstmals siegreich aus einer Schlacht gegen die Preußen hervor.

Noch heute bildet das Österreichische Bundesheer in der Burg zu Wiener Neustadt seine zukünftigen Führungskräfte aus, sie ist damit die älteste noch bestehende Militärakademie weltweit. Derzeit studieren hier rund 300 Offiziersanwärter, die Ausbildung dauert drei Jahre und endet mit dem Rang eines Leutnants. Im Rahmen einer Besichtigung der Akademie wird Besuchern ein spannender Kurzfilm vorgeführt, der über die heutige Offiziersausbildung informiert. Ein kleines Museum und Führungen gab es in der Akademie bereits zuvor, im Zuge der Landesausstellung 2019 wurden die öffentlich zugänglichen Räumlichkeiten jedoch aufwendig adaptiert.

»Sie wundern sich wahrscheinlich über den magentafarbenen Teppich in einer militärischen Einrichtung«, sagt Oberstleutnant Thomas Lampersberger, als er uns über den Burghof begleitet. »Die

Gegründet unter Maria Theresia, bildet das Österreichische Bundesheer
in der Burg zu Wiener Neustadt noch heute seine Offiziere aus.

Ausstellungsmacher wollten unsere Besucher augenzwinkernd empfangen.« Auch manche Stufen, die zur Kathedrale führen, sind auf der
Stirnseite magentafarben überklebt. Darauf sind mehr als ein Dutzend zum Teil nicht ganz ernst gemeinte Erklärungsversuche für eine
500 Jahre alte Buchstabenfolge zu lesen. Der Slogan Kaiser Friedrichs
III. A.E.I.O.U. wird u. a. mit »Alles Erdreich Ist Oesterreich Untertan«,
»Aller Ehrgeiz Ist Oesterreich Unbekannt« oder »Am End' Is' Ollas
Umasunst« übersetzt. Friedrich selbst hat die Bedeutung des Wahl-
spruchs nie verraten. Er hinterließ ihn jedoch auf seinem Wappen,
seinem Tafelgeschirr und allerlei Bauwerken.

Eines davon war die Burg zu Wiener Neustadt, die Friedrich
als seine Residenz großzügig umbauen und erweitern ließ. An der
Außenwand der Kathedrale wurden 107 Wappen angebracht, von
denen allerdings nur 14 real existierten, die restlichen sind der Ein-
bildungskraft eines unbekannten Künstlers entsprungen. Man könn-

Offiziersschmiede und Kaisergrab   47

te sagen, Kaiser Friedrich war ein Hochstapler, wollte er doch mit seinem im doppelten Sinne »fabelhaften« Stammbaum, der fast bis zur Sintflut zurückging, Gäste beeindrucken.

Sein Sohn Maximilian I. (1459–1519) wurde in der Burg geboren und in der angeschlossenen St.-Georgs-Kathedrale (auch Georgskirche genannt), dem heutigen Sitz des Militärbischofs, begraben. Maximilian, bekannt als der »letzte Ritter«, war ein bedeutender Kaiser, der mit moderner Kriegsführung ebenso Erfolge feierte wie mit seiner geschickten Heiratspolitik, mit der er das habsburgische Weltreich begründete.

Das Grab des letzten Ritters

Maximilians wuchtiges Taufbecken steht in der Nähe des Eingangstores zum dreischiffigen Gotteshaus, gegenüber befindet sich unter den Stufen des Altars seine letzte Ruhestätte. Er wollte als Büßer aus dem Leben scheiden und ordnete daher an, dass man seiner Leiche die Zähne ausschlagen, die Haare abrasieren, sie geißeln und mit Kalk beschmieren solle. Der Volksmund sagte, sein Grab liege zwischen Himmel und Hölle, denn darunter könne ein Heuwagen durchfahren – die Kirche befindet sich im ersten Stock der Burg. Obwohl sein Enkel Kaiser Ferdinand I. *post mortem* die Innsbrucker Hofkirche samt großartigem Grabmal für Maximilian errichten ließ, liegen seine Überreste noch immer in der St.-Georgs-Kathedrale. 28 Bronzefiguren, auch die »Schwarzen Mander« genannt, gruppieren sich bis heute um das (leere) Prunkgrab in der Tiroler Hauptstadt. »Diese Statuen, die den Sarg bewachen sollten, wurden bereits zu seinen Lebzeiten in Innsbruck hergestellt. Dort wollte er sie auch vergolden lassen«, erzählt Lampersberger. Doch es kam anders, die schweren Figuren konnten aus statischen Gründen nicht in der St.-Georgs-Kathedrale aufgestellt werden. So blieben sie erstens in Innsbruck und zweitens bronzefarben. Maximilian wurde laut seinem letzten Willen in Wiener Neustadt beigesetzt. Ein Modell vom Inneren der Innsbrucker Hofkirche kann man heute in der Kathedrale betrachten. Wie die Begräbnisstätte in Wiener Neustadt ursprünglich geplant war, wird in Miniaturform veranschaulicht. »Jetzt liegt er hier alleine, ohne seine Wächter«, resümiert Lampersberger. Immerhin schon seit einem halben Jahrtausend. Nur sein Herz befindet sich in Brügge bei seiner geliebten ersten Ehefrau, Maria von Burgund.

Multimediale Geschichtsvermittlung

Ein Gang des Burggewölbes wurde völlig neu adaptiert und ist nun dem »letzten Ritter« gewidmet. Digitale Bilder zeigen den Kaiser und wichtige Personen aus seinem Umfeld, Maximilians Leben wird in einem kurzen Film nacherzählt. Im Raum nebenan wird in einer aufwendigen 3-D-Animation die wechselhafte Geschichte der ehemaligen Kaiserresidenz gezeigt.

Außerdem werden Objekte wie Orden, Fahnen und Säbel präsentiert. Auch an die Mailänderin Francesca alias »Franceso« Scanagatta wird im Museum erinnert. Als Mann verkleidet bestand sie 1794 mit Bravour die Aufnahmeprüfung an der Theresianischen Militärakademie. Die Tochter aus reichem Hause wohnte außerhalb der Offiziersschmiede und konnte so ihre Tarnung lange Zeit aufrechterhalten. Drei Jahre später musterte sie illegal und wahrscheinlich als erste Frau weltweit aus und nahm erfolgreich an mehreren Feldzügen in Italien teil. Als Leutnant beendete sie schließlich ihre militärische Laufbahn und heiratete einen Major.

Zudem werden verschiedene Uniformen der Offiziere im Kleinformat gezeigt. Die Zeitreise beginnt mit Maria Theresias Regentschaft, geht weiter bis zur Doppelmonarchie, als die k. u. k. Armee wohl zu den »schönsten« Streitkräften Europas zählte, bis hin zur eher schlichten, aber praktischen Berufskleidung des Bundesheeres. Das letzte Exponat in der Reihe ist eine weibliche Puppe, die eine moderne Uniform trägt. Lampersberger beantwortet die Frage, bevor wir sie stellen: »Der Frauenanteil bei unseren Offiziersanwärtern liegt bei unter zehn Prozent.« Seit Francescas Ausbildungszeit haben sich nicht nur die Uniformen geändert.

Info

Theresianische Militärakademie
Burgplatz 1, 2700 Wiener Neustadt
• www.milak.at

Tipp

Akademiepark
Der weitläufige Park hinter der Militärakademie ist ein beliebtes Naherholungsgebiet der Stadtbewohner. Auf dem Gelände befinden sich zwei Teiche, ein Reitplatz, der Exerzierplatz der Akademie und der Verlobungshügel Maria Theresias.

Verborgene Schätze vor den Vorhang

Das Kloster ist die einzige Zisterzienserabtei, die sich innerhalb einer Stadt befindet. Zudem beherbergt es außergewöhnliche Exponate, die erst seit kurzer Zeit wieder für die Öffentlichkeit zugänglich sind.

Fossilien, Muscheln, Mineralien, Elfenbeinschnitzereien, altägyptische Objekte, wertvolle Gemälde und Möbel aus rund 500 Jahren Klostergeschichte schlummerten mehr als 30 Jahre im Depot des Neuklosters. Knapp 5.000 Exponate hatten sich im Laufe der Jahrhunderte angesammelt, darunter Geschenke von Fürsten, Überbleibsel von Maria Theresias Besuchen und Sammelobjekte der Mönche. Jahrzehntelang waren sie verpackt und weggesperrt worden, bis sie 2016 im Rahmen des Projekts »Schätze ins Schaufenster« wieder ans Tageslicht geholt wurden. Wissenschaftler und Kunststudenten reinigten, katalogisierten und restaurierten die Kostbarkeiten, bis sie schließlich 2017 als Kunstkammer und Naturalienkabinett der Öffentlichkeit präsentiert werden konnten.

»Damals haben wir in kleinem Umfang mit Führungen begonnen«, erzählt Pater Walter Ludwig, der Prior des Neuklosters. »Schließlich wurden wir Partner der Landesausstellung und erweiterten unser Besucher-Programm, unter anderem adaptierten wir unsere Bibliothek.« Sie ist wohl eine der schönsten Klosterbibliotheken Österreichs und glänzte bis 2019 genauso wie die Kunst- und Naturaliensammlung im Verborgenen, seit der Landesausstellung ist sie für die Öffentlichkeit zugänglich und ein Highlight der Führung. Ihr prunkvoller Hauptraum besticht vor allem durch die kräftigen Farben der Fresken, an denen der Zahn der Zeit keine (sichtbaren) Spuren hinterlassen hat. Über die Jahrhunderte betraten nur die Mönche und einige Wissenschaftler die Bibliothek, die Fenster blieben stets abgedunkelt. Besucher dürfen sie nur durch eine Glasscheibe betrachten, damit die Wandmalereien und die wertvollen Bücher auch weiterhin keinen Schaden nehmen. Dem bekannten Roko-

Der prunkvolle Hauptraum der Klosterbibliothek.

ko-Maler Johann Baptist Wenzel Bergl, einem der Lieblingskünstler Maria Theresias, gelang mit den Fresken eine raffinierte optische Täuschung. Die bis zu sechs Meter hohen Wände erwecken den Eindruck, als ob sie in den Himmel wachsen. Prachtbände stapeln sich auf barocken Holzregalen, insgesamt sind rund 60.000 Bände in der Bibliothek untergebracht. Sie blieb unversehrt, als ein Trakt des Klosters 1944 durch einen Bombenangriff beschädigt wurde.

Ebenfalls sehenswert ist das Grabmal von Kaiserin Eleonore von Portugal, der Gemahlin von Kaiser Friedrich III., das sich im Chor des Klosters befindet. Sie starb 1437 mit lediglich 31 Jahren und wurde hier auf eigenen Wunsch in der Nähe ihrer Kinder beerdigt. Sechs hatte sie zur Welt gebracht, doch nur Tochter Kunigunde und Sohn Maximilian (siehe Kapitel 9) erreichten das Erwachsenenalter. Ihr Grabdeckel zählt zu den bedeutendsten spätgotischen Kunstwerken Österreichs. Auf dem Relief ist die Kaiserin mit wallendem Haar abgebildet. Der Betrachter kann nicht genau feststellen, ob die Figur liegt oder steht, der Künstler wollte Eleonore wohl in dem Moment zeigen, in dem sie zur Auferstehung erwacht.

Die einzigen Zisterziensermönche in einer Stadt

Das Neukloster ist seit 1881 ein Priorat von Stift Heiligenkreuz und eher unbekannt. Das Gotteshaus wurde 1250 gegründet und beherbergte zunächst Dominikaner. 1444 wurde es auf Wunsch von Kaiser Friedrich III. den Zisterziensern übergeben. »Wir sind derzeit sieben Mönche, die alle in der Seelsorge tätig sind. Die enge Verbundenheit mit der Bevölkerung hat bei uns Tradition«, sagt Pater Walter. »Wir zeigen unseren Besuchern auch ein Stück unseres Alltags.«

Info
Stiftspfarre Neukloster
Neuklostergasse 1, 2700 Wiener Neustadt
• www.neukloster.at/de/

11 Flugmuseum Aviaticum, Wiener Neustadt

Als den Menschen Flügel wuchsen
Auf einem der größten und ältesten Natur-
flugplätze Europas wurde von mutigen Piloten und genialen Konstrukteuren ein Stück
Fluggeschichte mitgeschrieben.

Viel hielt er nicht von dem neumodischen technischen Firlefanz.
Trotzdem beehrte Kaiser Franz Joseph I. das Flugfeld von Wiener
Neustadt am 18. September 1910 mit seinem Besuch. Die Hangars
waren erst ein Jahr zuvor auf einer (gerodeten) Wiese eröffnet worden,
die Fliegerei steckte noch in den Kinderschuhen. Die elegant geklei-
deten Zuschauer standen zum Teil auf ihren Stühlen, um einen Blick
auf ihr Staatsoberhaupt zu erhaschen und jubelten ihm zu. Anlass
war ein dreitägiges Preisfliegen, das der Monarch am letzten Tag des
Events aus dem eigens für ihn errichteten Kaiserpavillon beobachtete.
Anschließend erwies der hohe Gast Konstrukteuren und Piloten die
Ehre und besichtigte die Flugzeuge, die auf dem Flugfeld in Reih und
Glied standen.

»Wiener Neustadt galt damals als Wiege der Luftfahrt in Ös-
terreich-Ungarn«, sagt Gottfried Zach, der Obmann des Flugmuse-
ums Aviaticum. Der 72-Jährige war bereits bei der Entstehung des
Museums mit dabei, das auf den Sammlungen des Flugpioniers und
Weltrekordfliegers Toni Kahlbacher und des Österreichischen Luft-
fahrt-Archivs basiert und 1999 auf dem Flugplatz Ost eröffnet wurde.
Für diese Tätigkeit war und ist der Hobbypilot prädestiniert. »13 Jahre
bin ich mit Hubschraubern geflogen, 37 Jahre mit einem Ballon gefahren, jeweils zehn Jahre war ich als Segelflieger und als Drachenflieger unterwegs.« 2.500 Flugstunden absolvierte der Wiener Neustädter im Laufe seines Lebens, vor zwei Jahren hat er sich als Pilot
zur Ruhe gesetzt. »Aber das Museum ist mir geblieben.«

Rund 35 (größtenteils funktionstüchtige) Flugobjekte stehen
oder hängen in der Halle, darunter Segler, Ballons, motorisierte
Maschinen, Fallschirme und Exponate der Red-Bull-Flugtage. Ein

Rund 35 Flugobjekte stehen oder hängen im Flugmuseum Aviaticum,
die meisten davon sind funktionstüchtig.

Als den Menschen Flügel wuchsen

Windkanal, eine Radar- und Koordinatorkonsole sowie Teile einer Pilotenuniform-Sammlung aus den 1960er und 1970er Jahren werden ebenso präsentiert. Manche Exponate sind Nachbauten, andere Originale. Zudem führt ein Themenpfad durch die Geschichte der Luftfahrt mit Schwerpunkt Wiener Neustadt, dem Ort, wo schon immer viele hoch hinauswollten. Bereits das erste heimische Luftschiff war in Wiener Neustadt im Jahr 1872 von Paul Haenlein gebaut worden. Daran, dass der Traum vom Fliegen noch viel älter ist, erinnert eine Kopie von Leonardo da Vincis Flugmaschine.

Der Beginn der Luftfahrtgeschichte in der Region ist eng mit dem Namen Igo Etrich (1879–1967) verbunden. Gemeinsam mit Karl Illner (1877–1935) gelang dem Konstrukteur am 8. August 1909 der erste motorisierte Flug auf dem Wiener Neustädter Flugfeld. Illner steuerte die Maschine und freute sich über seinen 40-Meter-Hüpfer. Das war noch nicht sehr weit, aber ein Anfang war gemacht. Die Etrich-Taube (Etrich II.) war schon etwas flugtüchtiger und wurde ein wirtschaftlicher Erfolg. Flugmotoren steuerten die nahegelegenen Austro-Daimler-Werke unter der Federführung von Ferdinand Porsche bei. Bereits 1910 flog Illner mit der Etrich-IV-Taube rund 160 km von Wien nach Horn und retour und machte damit international Schlagzeilen. Etrichs Konstruktion wurde als Lizenzprodukt unter dem Namen »Rumpler-Taube« auch im Deutschen Reich gefertigt. Ein Nachbau der Etrich-Taube ist eines der Kernstücke der Aviaticum-Sammlung.

In den darauffolgenden Jahren jagte in Wiener Neustadt ein Rekord den anderen. Die Stadt zog Flugpioniere magisch an, die Bevölkerung kam, sah und staunte. Im Februar 1910 gelang Ingenieur Adolf Warchalowski der erste Passagierflug Österreichs, am 18. August gratulierte er dem Kaiser mit einem Flug von Wiener Neustadt bis über den Stephansdom zum 80. Geburtstag. Im August 1911 schaffte Konstrukteur Josef Sablatnig den ersten Nachtflug weltweit. Aber nicht nur Männer, auch wagemutige Frauen trauten sich in die Luft. Die erste Pilotin Österreichs, Lilly Steinschneider, wurde in Wiener Neustadt ausgebildet und geprüft. 1913 startete sie beim internationalen Luftfahrtwettbewerb in Aspern als eine von zwei Frauen.

Als 1912 in Aspern ein Flugfeld errichtet wurde, wanderten viele Konstrukteure und Piloten nach Wien ab. Die zivile Luftfahrt in Wiener Neustadt fand ihr jähes Ende, das Flugfeld wurde an das Militär verpachtet. Heute werden auf dem Standort Weltmeisterschaften im Segel- und Modellflug ausgetragen und zahlreiche andere Flugevents veranstaltet. Nachdem der Flugplatz in Aspern 1977 aufgelassen wurde, übersiedelten viele der dort ansässigen Flugvereine wieder zurück nach Wiener Neustadt. Die Region um den größten Naturflugplatz Europas ist nach wie vor eine der fliegerisch bedeutendsten in Österreich.

Museumsdirektor Zach wandelt zwischen den Flugobjekten durch die riesige Halle und erzählt von Pionieren und ihren Leistungen. Bei einem Schaustück muss er schmunzeln. »Diese Maschine hat sich der Toni Kahlbacher in den 1960er-Jahren anhand seines Lieblingsfilms aus Aluminium nachgebaut.« Der Titel des Streifens lautet: *Die tollkühnen Männer in ihren fliegenden Kisten.*

Info
Flugmuseum Aviaticum
Wienerstraße 120, 2700 Wiener Neustadt
• www.aviaticum.at/avia

Tipp
Ein Dampfross namens Fanny
Nicht nur Flugzeuge, auch Lokomotiven wurden einst in Wiener Neustadt hergestellt. Das Dampfross »Fanny« wurde 1870 in der Lokomotivfabrik G. Sigl gebaut und fungierte bis 1966 als Zubringerin auf dem Fabriksgelände. Danach rostete Fanny in einem Schuppen vor sich hin, bis sie als Denkmal an der Kreuzung Pottendorfer Straße/Stadiongasse nahe ihrem ehemaligen Arbeitsplatz aufgestellt wurde und nun rund um die Uhr zu besichtigen ist. Warum die Werkslok auf den damaligen Modenamen Fanny, ein Kurzname für Franziska, getauft wurde, ist ungewiss. Es gibt verschiedene Versionen, wie die Lokomotive zu ihrem Namen kam. Eine Vermutung lautet, dass Moritz Schwendenwein, von 1868–1874 Bürgermeister von Wiener Neustadt, etwas damit zu tun hatte. Sowohl seine Mutter als auch seine Gattin und seine beiden Töchter trugen den Namen Fanny bzw. Franziska.

Das Wohnzimmer am Hauptplatz
Im frisch renovierten Traditionslokal wurde einer prominenten Wiener Neustädterin ein ganzes Zimmer gewidmet.

»An den Wänden sind 150 Jahre alte Fresken, das Steingemäuer ist teilweise 500 Jahre alt«, erzählt Geschäftsführerin Vanessa Höfler. »Während des Umbaus versuchten wir, so viel Altes wie möglich zu erhalten.« Das Café Bernhart sei schließlich eine Institution in Wiener Neustadt. Die Historie des Hauses am Hauptplatz Nummer 20 ist durchaus bemerkenswert. 1479 wurde es erstmals urkundlich erwähnt, lange Zeit war es im Besitz von Kaiser Friedrich III., der Großbrand von 1834 und Bombardierungen während des Zweiten Weltkriegs setzten dem Gebäude erheblich zu, man hat es jedoch immer wieder aufgebaut bzw. instand gesetzt. 1835 wurde im Erdgeschoß erstmals ein Kaffeehaus eingerichtet, die Familie Bernhart bewirtete darin knapp hundert Jahre (1917–2016) ihre Gäste und orientierte sich dabei an klassischen Wiener Kaffeehäusern. Heute wird das Café Bernhart von Jürgen Höfler und seiner Tochter Vanessa betrieben, nach 2-jährigen Umbauarbeiten wurde es am 5. Juni 2018 wiedereröffnet. Obwohl mittlerweile ein modernes Kaffeehaus, findet man in den Räumlichkeiten überall Hinweise auf die Geschichte der Stadt. »Wir legten zum Beispiel einen Maueranker aus dem Zweiten Weltkrieg frei«, sagt Höfler. Diese Anker wurden dazu benutzt, um schwer beschädigte Gebäude zu stabilisieren.

Eine Reminiszenz an den für die Stadt so bedeutenden Kaiser Maximilian I. findet sich auf der Speisekarte. Das Frühstück für zwei nennt sich »Max und Maria«, nach dem Habsburger und seiner ersten Ehefrau und großen Liebe, Maria von Burgund. An die Bernhart-Ära erinnern die Original-Kaffeeschütten im Eingangsbereich, ein Billardtisch und natürlich die traditionelle Spezialität des Hauses, die Bernhart-Cremeschnitte. »Wir bereiten sie exakt nach Frau Bernharts Rezept zu, nur die Zuckerglasur lassen wir weg«, erklärt die junge Geschäftsführerin. »Das Rezept ist mindestens 50 Jahre alt, aber es ist noch immer die beliebteste Mehlspeise.«

Das gemütliche Greta-Zimmer-Zimmer ist das Herzstück des Lokals.

Das Greta-Zimmer-Zimmer

Den bekanntesten historischen Akzent setzten die Betreiber mit dem Greta-Zimmer-Zimmer. Der Raum und auch das Wiedereröffnungsdatum des Lokals sind eine Hommage an die Wiener Neustädterin Greta Zimmer-Friedmann (1924–2016), die am 5. Juni Geburtstag hatte.

Durch Zufall ist sie auf einem der berühmtesten Fotos der Nachkriegsgeschichte abgebildet. Das Bild »V-J Day in Times Square« des deutsch-amerikanischen Fotografen Alfred Eisenstaedt (1898–1995) wurde vom *Time-Magazine* zu einem der 100 einflussreichsten Bilder aller Zeiten gewählt. Als am 14. August 1945 die Massen am New Yorker Times Square den Sieg über Japan feierten, küsste ein Seemann spontan eine vermeintliche Krankenschwester. Eisenstaedt bemerkte die Szene und drückte auf den Auslöser. Lange wurde über die Identität der beiden Küssenden gerätselt. Inzwischen weiß man, dass es sich bei dem Matrosen um George Mendonsa (1923–2019) handelte, die Frau auf dem Bild ist mit hoher Wahrscheinlichkeit die gebürtige Wiener Neustädterin Greta Zimmer-Friedmann. Es war eine Zufallsbegegnung, die beiden kannten sich nicht. Greta, ledige Zimmer, lebte mit ihren Eltern und ihren drei Schwestern in der Nähe des Café Bernhart. Es ist anzunehmen, dass die junge Frau öfters in dem Kaffeehaus verweilte. Nach der Machtübernahme der Nazis floh sie mit ihrer jüdischen Familie in die USA.Das gemütliche Greta-Zimmer-Zimmer mit den Chesterfield-Sofas und dem Wurlitzer (Baujahr 1959) ist das Herzstück des Lokals. Blickfang ist das Bild »V-J Day in Times Square«, darüber hinaus findet man an der Decke u. a. Porträts von Ikonen wie Sophia Loren, Hedy Lamarr, Fidel Castro und den Kennedys.

Info
Café Bernhart
Hauptplatz 20, 2700 Wiener Neustadt
• office@cafe-bernhart.com oder Tel: 02622 22749

Arbeit, Industrie und altes Handwerk

WIEN

NIEDERÖSTERREICH
(MOSTVIERTEL)

Donau

• Mödling
• 19

• 15

• Baden

• 13

• 17

• 16

Wiener Neustadt

• 14

△ Schneeberg (2.076 m)

• 18

BURGENLAND

• Neunkirchen

• Gloggnitz

• Semmering

STEIERMARK

• 20

Bruck an der Leitha

Wussten Sie, dass … ?

… die Gläserne Burg in Weigelsdorf mit sieben Millionen manuell geklebten Mosaiksteinen geschmückt ist?

… in den weltweit einzigartigen Berndorfer Stilklassen noch immer unterrichtet wird?

… in der Lichtenwörther Fabrik Nadelburg die protestantischen Arbeiterfamilien unter der Regentschaft Maria Theresias durch eine bewachte Mauer streng von den katholischen Dorfbewohnern getrennt wurden?

… das erste Arbeitertheater Österreich-Ungarns 1899 in Berndorf eröffnet hat und noch immer bespielt wird?

13 Auf den Spuren von Arthur Krupp, Berndorf

Bäriges Vermächtnis

Der Industrielle etablierte eine Weltmarke und war als Arbeitgeber seiner Zeit weit voraus. Zudem ließ er das erste Arbeitertheater der Monarchie errichten und die weltweit einzigartigen Berndorfer Stilklassen ausstatten.

»Ältere Frauen weinten vor Rührung und Dankbarkeit, als sie über ihn sprachen«, erinnert sich Susanne Schmieder-Haslinger. Im Jahr 2006 hat sie Zeitzeugen zum Thema Arthur Krupp befragt. Die Kuratorin sitzt im Krupp-Museum in Berndorf und blättert in einem dicken Wälzer. Es ist Arthur Krupps Biografie. »Diese Leute waren Kruppianer, sie haben ihn als Exzellenz bezeichnet.« *Kruppianer* ist ein Begriff, der nicht im Duden steht, im Rest Österreichs wohl kaum verwendet wird und die Sympathisanten des Großindustriellen bezeichnet. »Doch er war auch ein Patriarch, nicht alle mochten ihn«, fügt Schmieder-Haslinger hinzu. Tatsächlich plünderten Einheimische fünf Jahre nach seinem Tod, in den letzten Tagen des Zweiten Weltkriegs, Krupps Villa und steckten sie in Brand. Das noble Palais hatte viele Jahre wie ein Zeichen seiner Dominanz auf einem Hügel gegenüber der Fabrik gethront.

Arthur Krupp (1856–1938) war eine vielschichtige Persönlichkeit. Einerseits kaisertreuer Konservativer und erfolgreicher Industrieller, andererseits kunstsinniger Zeitgenosse und sozialer Arbeitgeber. Streiks und Revolten fanden in Berndorf nicht statt. Krupps Beschäftigten ging es besser als den meisten Arbeitern andernorts. Doch wer sich etwas zuschulden kommen ließ, verlor nicht nur den Arbeitsplatz, sondern auch die soziale Absicherung und den zur Verfügung gestellten Wohnraum. Schmieder-Haslinger drückt es so aus: »Egal, wie man zu Arthur Krupp stand, er war der König von Berndorf.«

Warum Krupp nach Berndorf kam und wie er es veränderte

Als die Metallwarenfabrik 1843 von zwei Unternehmern aus der Tau-

Das Portal im maurischen Klassenzimmer ist eine Nachahmung des »Goldenen Tores« in Cordoba.

fe gehoben wurde, war Berndorf ein unbedeutendes 300-Seelen-Dorf. Ort und Fabrik entwickelten sich in den darauffolgenden Jahrzehnten rasant. Immer mehr Menschen fanden hier Arbeit, damit wuchs auch die Infrastruktur. 1886 wurde Berndorf zur Marktgemeinde erhoben, 1900 zur Stadt. Heute leben in Berndorf mehr als 9.000 Menschen.

Nach der Gründung schickte einer der beiden Besitzer, der Deutsche Alfred Krupp, seinen Bruder Hermann als technischen Leiter in das Werk nach Niederösterreich. Hermann Krupp (1814–1879) kam und blieb. Er kaufte sich in das Unternehmen ein, in das er 1878 auch seinen Sohn Arthur holte. Der musste nur ein Jahr später als 23-Jähriger den Betrieb übernehmen, da Hermann sehr plötzlich verstarb. In wenigen Jahrzehnten baute Arthur Krupp die Berndorfer Metallwarenfabrik zu einem der größten Unternehmen der Monarchie aus, das weltweit exportierte. Man stellte Waren wie Geschirr,

Besteck und später auch Patronenhülsen und Glocken her. Ab 1890 war Krupp der alleinige Inhaber des Unternehmens. Da der Name »Arthur« auf keltisch »Bär« bedeutet, wurde der löffeltragende Bär das Markenzeichen der Firma. Später zierte das mächtige Tier auch das Berndorfer Gemeindewappen.

Krupp führte freiwillig Sozialleistungen wie Altersversorgung, Witwen- und Waisenunterstützung und Krankenversicherung ein. Er ließ für seine Arbeiter Wohnhäuser bauen und ermöglichte es ihnen, durch günstige Darlehen, Eigenheime zu erwerben. Die Belegschaft konnte preiswert in einer Werkskantine speisen und in seiner »Consum-Anstalt«, einer Art Großkaufhaus, einkaufen.

Das erste Industriekraftwerk Österreichs, vielleicht sogar der Welt, versorgte ab 1873 die Berndorfer Firma mit elektrischer Energie. Ab 1880 beleuchteten Lichtbogenlampen das gesamte Werksgelände, aber auch die Stadt erstrahlte schon bald in künstlichem Licht. Krupp schuf eigene Betriebe zur autarken Versorgung mit Lebensmitteln, darunter einen Rinderstall, der mit der ersten elektrischen Melkmaschine (Typ Alpha) des Landes ausgestattet war. Der von der Bevölkerung scherzhaft als »Kuhsalon« (umgangssprachlich: »Kuasalon«) bezeichnete Stall steht heute unter Denkmalschutz und ist mittlerweile im Besitz der Veterinärmedizinischen Universität Wien. Bei seltenen Anlässen wie etwa der Langen Nacht der Museen sind Besichtigungen möglich.

Was vom Patriarchen blieb
Krupp hat Berndorf auf vielfältige Weise geprägt, noch heute begegnet man in der Stadt seinem Vermächtnis auf Schritt und Tritt. So ließ er etwa das erste Arbeitertheater Österreich-Ungarns erbauen. Zur Eröffnung 1899 reiste sogar der Kaiser an. Er blieb nur wenige Stunden in Berndorf und besichtigte in dieser kurzen Zeit die Fabrik, Wohlfahrtseinrichtungen, die Arbeiterkolonie und das Heim des ausgewählten Arbeiters Leopold Heeger, Vater einer zehnköpfigen Kinderschar. Das Heeger-Haus wurde für den feierlichen Akt fein herausgeputzt und Interieur zur Verfügung gestellt, das man jedoch kurz nach dem allerhöchsten Besuch wieder abtransportierte. Das schmucke Stadttheater Berndorf, damals als Kaiser-Franz-Joseph-Theater errichtet, wird noch immer bespielt, es diente zwischenzeitlich als Kino.

Obwohl Protestant, ließ Krupp für die Bevölkerung eine katholische Kirche bauen. Die Margaretenkirche, benannt nach der Heiligen

Margarete und Krupps gleichnamiger Frau, gilt heute noch als das Wahrzeichen der Stadt. Kurios mutet an, dass die darin befindliche Statue der Schutzheiligen die (eher herben) Gesichtszüge von Arthurs Gattin trägt.

Den Kindern seiner Arbeiter wollte der weitgereiste Industrielle ein Stück der großen Welt zeigen. Als in den Jahren 1908/09 die Gemeinde Berndorf eine Knaben- und eine Mädchenschule bauen ließ, finanzierte er die Ausstattung von zwölf Klassenzimmern in einem jeweils anderen historischen Baustil. In den weltweit einzigartigen Räumen, den Berndorfer Stilklassen, wird noch immer unterrichtet. Die Zeitreise von 2500 v. Chr. bis 1814 n. Chr. führt vom alten Ägypten nach Byzanz, von der Römischen Renaissance nach Pompeji, zeigt Gotik, Barock und Rokoko. Reale architektonische Bauten dienten als Vorbilder. Da Krupp eine sehr unglückliche Schulzeit verlebt hatte, war es ihm ein Anliegen, dass die Berndorfer Kinder gerne in den Unterricht gingen. Die beiden Gebäude waren auch technisch auf dem neuesten Stand und hatten eine Zentralheizung, zudem ließ der Industrielle eine Schulzahnarztpraxis integrieren. Sie war die erste in der Donaumonarchie, die Behandlung für Schüler kostenlos.

Arthur Krupp starb kinderlos und vermachte das Unternehmen einem Großneffen. 1956 wurde es verstaatlicht, 1988 erneut privatisiert. Auf dem Gelände befindet sich heute ein Industriepark unter dem Dach der Berndorf AG, einem international erfolgreichen Technologieunternehmen.

Info
Krupp Stadt Museum Berndorf
Bahnhofstraße 4, 2560 Berndorf
• www.kruppstadt-berndorf.at/krupp-stadt-museum
Berndorfer Stilklassen
Margaretenplatz 2 (Neue Mittelschule) und 5 (Volksschule), 2560 Berndorf
• www.berndorfer-stilklassen.at

Tipp

Franz-Bichler-Warte
Auf dem Berndorfer Hausberg Guglzipf (472 m) befinden sich die 34 m hohe Franz-Bichler-Warte und das Gasthaus Waldhütte. Der kurze Aufstieg auf die Aussichtswarte belohnt mit der Vogelperspektive auf das Berndorfer Becken, das Lokal offeriert rustikale Küche und einen Gastgarten mit wunderschönem Ausblick. Die Anfahrt mit dem Auto ist möglich.

Als Habsburgs erste Schlote rauchten

In der kleinen Gemeinde wurde Industriegeschichte geschrieben. Das Areal der Nadelburg ist die älteste noch erhaltene Anlage ihrer Art in Europa, unter Maria Theresias Regentschaft lebten die Arbeiter dort völlig abgeschottet von der Dorfbevölkerung.

»Die Nadelburg war der wirtschaftliche Mittelpunkt einer ganzen Region«, sagt Robert Bachtrögl, während er die Tür zu einer vergangenen Welt und gleichzeitig zur eigenen Familiengeschichte aufsperrt. Bachtrögls Urgroßvater hat in den 1920er Jahren noch als Drahtzieher in dem Metallwerk gearbeitet, sein Großvater Franz Gehrer sammelte seit seiner Rückkehr aus dem Zweiten Weltkrieg Devotionalien rund um das Thema. 1984 richtete er in einem ehemaligen Wirtschaftsgebäude der Nadelburg ein kleines Museum ein, das Enkel Robert noch immer betreibt und ständig erweitert.

Die Zimmer sind prall gefüllt mit Erinnerungsstücken und Bildern aus der Zeit, als Lichtenwörth die Industriegeschichte des Habsburgerreichs maßgeblich mitgeschrieben hat. Lange, bevor das Wort »Fabrik« im Sprachschatz der Menschen existierte, erzeugte ein einziger Arbeiter in Lichtenwörth mit Hilfe von Maschinen täglich 10.000 Nadeln – in den damals üblichen kleinen Manufakturen schaffte eine Arbeitskraft zum Vergleich in der gleichen Zeit gerade einmal eine Nadel. Das Lichtenwörther Unternehmen galt im Habsburgerreich als Tor zur Industrialisierung und ist die älteste noch erhaltene Anlage ihrer Art in Europa. Seit 1986 ist sie deshalb denkmalgeschützt.

»Nadelburg« bezeichnete die Einheit der gleichnamigen Fabrik, einer Siedlung und der dazugehörigen Infrastruktur. Begonnen hat alles im Jahr 1747, als der Besitzer eines Hammerwerks etwas außerhalb von Lichtenwörth eine Nähnadelfabrik gründete. Da sich kein Erfolg einstellte, ging der Betrieb 1753 in Staatsbesitz über. Dem Habsburgerreich fehlte es an Waren aus Metall, u. a. Messing und

Das »Eiserne Tor« und Außenmauern der Nadelfabrik sind noch erhalten, große Teile der Anlage wurden geschleift.

Kupferblech, die deshalb teuer aus dem Ausland importiert werden mussten. Darum baute man auf dem Gelände in den nächsten Jahren immer mehr Einzelfabriken und erweiterte die Produktpalette ständig.

Das Knowhow für die Fertigung kam mit den Facharbeitern, die aus Aachen und Nürnberg geholt wurden. Die Zuwanderer aus Deutschland produzierten Alltagsgegenstände wie Mörser, Bügeleisen, Gewichte, Glocken, Schnallen, Hämmer, Nadeln und vieles mehr. Trotz aller Anstrengungen gelang es auch unter staatlicher Führung nicht, kostendeckend zu arbeiten und die protestantischen Facharbeiter waren ein Dorn im Auge der streng katholischen Maria Theresia (1717–1780). Um den Kontakt mit den Dorfbewohnern zu verhindern, ließ die Monarchin auf dem Areal der Nadelburg eine »gemischt« protestantisch-katholische Kirche bauen, um die Belegschaft langfristig zu Katholiken umzuerziehen. Eine Art Dorf im

Dorf entstand, mehrere hundert Arbeiter mit ihren Familien lebten getrennt von den Ortsansässigen. »In ihrer Anfangszeit war die Nadelburg für die Werkstätigen ein goldener Käfig«, resümiert Bachtrögl. Die von der Außenwelt abgeschottete Anlage verfügte über eine eigene Infrastruktur mit Kirche, Gasthof, Schule, Spital und Fleischerei. Die dem Areal abgewandten Außenmauern der Häuser hatten keine Fenster und Türen, auf der anderen Seite trennte eine rote Ziegelsteinmauer das Werksgelände vom Herrschaftsbereich. Die drei Tore waren verschlossen und wurden ständig bewacht. Während die Geschichte des Unternehmens gut dokumentiert ist, lässt sich ein Detail am Rande nicht mit hundertprozentiger Sicherheit bestätigen: Maria Theresia, so heißt es in einem Zeitungsbericht, soll innerhalb der Nadelburg auf der Insel am Villateich eigenhändig einen Kastanienbaum gepflanzt haben. Die mächtige Rosskastanie ist allerdings in den 1960er Jahren abgestorben.

Glanzzeit, Niedergang und Relikte

Nach der Übernahme durch die Fabrikantenfamilie Hainisch im Jahr 1817 erlebte die Nadelburg, die mittlerweile mit Lichtenwörth zusammengewachsen war, ihre wirtschaftliche Blütezeit. Zeitweise wurden rund 800 verschiedene Gegenstände in bis zu 15 Größen hergestellt. Produkte wurden in großen Stückzahlen höchst erfolgreich ins Ausland exportiert. Die neuen Besitzer ließen ihre Beschäftigten am wirtschaftlichen Erfolg teilhaben, indem sie freiwillig eine Krankenkasse für sie einrichteten und ihnen Pensionen bezahlten. Die Facharbeiter der Nadelburg verdienten für damalige Verhältnisse gut und konnten in fünfzig eigens gebauten Arbeiterhäusern mit angeschlossenen Gärten kostenlos wohnen. Tagelöhner schliefen hingegen auf engstem Raum in Arbeiterkasernen, eine davon ist der »Lange Gang«, welcher heute noch erhalten ist.

Ab 1880 ließen die Besitzer (zu diesem Zeitpunkt bereits Familie Mohr) eine schlossähnliche Villa errichten, die in ihrer Pracht an die Gebäude der Wiener Ringstraße erinnerte. Durch das riesige Glasdach fiel Tageslicht auf eine Buntglasdecke und erzeugte im Erdgeschoss ein außergewöhnliches Farbenspiel. Das Palais stand in einer herrlichen Parklandschaft an einem Teich und protzte mit einem angeschlossenen Palmenhaus. »Einen Wintergarten mit Palmen gab es damals gerade mal in Versailles und Schönbrunn. Und eben in der Fabrikanlage Nadelburg«, sagt Bachtrögl. In den Kriegs-

und Nachkriegsjahren fand man für den pompösen Bau keine Verwendung, letztendlich ließ man das Objekt von 1952 bis 1954 fast zur Gänze abtragen.

Robert Bachtrögls privat geführtes Museum erstreckt sich mittlerweile auf mehrere Räume und eine Fläche von 200 m². Der 40-jährige Techniker kümmert sich im Alleingang um die Erhaltung und steckt laufend Privatgeld in die Erweiterung der Sammlung. Zwischen April und Oktober ist er fast jedes Wochenende im Einsatz, um mit Besuchern Rundgänge in den Schauräumen und durch das Areal zu machen. Nachdem im Zuge der Weltwirtschaftskrise das Nadelburger Metallwerk 1930 für immer seine Pforten geschlossen hatte, wurden Teile der Anlage im Laufe der Jahre geschliffen, vom Fabriksbereich blieb nur wenig erhalten. Zwei Außenmauern der Nähnadelfabrik ragen noch immer sägezahnförmig in den Himmel, auch die Arbeiterhäuser und der »Lange Gang« säumen noch den Weg. Das renovierte, herrschaftliche Adlertor, welches als Wahrzeichen von Lichtenwörth gilt, passieren wir auf dem Weg zur barocken Kirche, die einst zur Katholisierung der protestantischen Arbeiter diente. Hier finden nur selten Messen statt, sie wird jedoch zeitweise für Veranstaltungen genutzt. Seit 2014 ist auch die Herrschaftsvilla wieder zu besichtigen, wenn auch nur als Modell im Maßstab 1:50. Bachtrögl skizzierte den Prachtbau nach den Bauplänen der Villa, ließ sie detailgetreu nachbauen und präsentiert das Miniaturschlössl nun stolz in seinem Museum.

Info
Nadelburgmuseum
Walzergasse 8, 2493 Lichtenwörth-Nadelburg
Besichtigung gegen Voranmeldung
• www.nadelburgmuseum.at

15 Die Arbeitslosen von Marienthal, Gramatneusiedl

Bestseller der Wissenschaft

Ein junges Forscherteam untersuchte und dokumentierte Anfang der 1930er Jahre die Auswirkungen von Langzeitarbeitslosigkeit in der Arbeiterkolonie Marienthal. Die Studie gilt weltweit als soziologischer und kulturwissenschaftlicher Meilenstein.

Als am 12. Februar 1930 die Textilfabrik Marienthal die Produktion einstellte, waren mit einem Schlag fast alle Einwohner des Ortes arbeitslos. Tragisch, aber in Zeiten der Weltwirtschaftskrise nichts Besonderes. Dank einem unscheinbaren, schmalen Büchlein, das für Sozialwissenschaftler rund um den Globus seit Jahrzehnten als Pflichtlektüre gilt, ist das Schicksal der Betroffenen bis heute nicht vergessen.

Die 1933 erstmals publizierte Forschungsarbeit *Die Arbeitslosen von Marienthal* erfuhr zunächst wenig Beachtung, sie wurde aber in den frühen 1970er Jahren wiederentdeckt, ins Englische und später in zahlreiche andere Sprachen übersetzt. Seitdem ist sie eine der meistzitierten Studien über Arbeitslosigkeit weltweit. Verfasst wurde der kurzweilig geschriebene Text hauptsächlich von Ko-Autorin Marie Jahoda (1907–2001), die die Feldforschung in den Jahren 1931/32 gemeinsam mit Paul F. Lazarsfeld (1901–1976), Hans Zeisel (1905–1992) und einem Team von 15 Studierenden, mehrheitlich Frauen, durchgeführt hatte. Zum Zeitpunkt der Studie hatte Marienthal knapp 1.500 Einwohner. Als Initiator des revolutionären Projekts gilt der Sozialdemokrat Otto Bauer (1881–1938).

Die Forscherinnen und Forscher werteten einerseits Statistiken aus, untermauerten die Zahlen andererseits mit eigenen Beobachtungen, Interviews, Tagebucheinträgen, Haushaltsprotokollen und Zeitverwendungsbögen. Während des Projekts verhielten sich die Wiener Wissenschaftler aber nicht wie Zaungäste, sondern verrichteten nützliche Arbeit für die Marienthaler Bevölkerung. Zum Bei-

Manche Arbeiterwohnhäuser von damals sind in Gramatneusiedl
noch erhalten.

Das ehemalige Turbinen- und Dynamogebäude der Textilfabrik Marienthal.

spiel organisicrtcn sie Gebrauchtkleidersammlungen, kostenlose
Turn- oder Schnittzeichenkurse und ärztliche Beratung.

Nicht nur die Methodik, auch die Ergebnisse der Studie waren
progressiv. Jahoda und ihre Mitstreiter belegten, dass Langzeitarbeitslosigkeit und das Fehlen eines strukturierten Tagesablaufes
zu Apathie, Depression und Resignation führen. Die Annahme, dass
Erwerbslose zur Revolte neigen oder zumindest das Übermaß an Frei-
zeit sinnvoll nutzen, stellte sich als völlig falsch heraus.

Ein Teil der Betroffenen dokumentierte seinen Tagesablauf
schriftlich für das Forscherteam. Dabei stellte sich heraus, dass vor
allem die Männer die Zeit mit Nichtstun totschlugen. Oft notierten
sie Erledigungen, für die sie nur ein paar Minuten benötigten, als
Aktivität für eine ganze Stunde.

Ein 33-jähriger Arbeitsloser schrieb etwa, dass er zwischen 7.00
und 8.00 Uhr seine Buben wecke, die Stunde danach hole er Wasser

und Holz aus dem Schuppen. Berühmt wurde seine Eintragung zwischen 10 und 11 Uhr: »Einstweilen wird es Mittag«. Als die österreichische Regisseurin Karin Brandauer (1945–1992) die soziologische Pionierarbeit im Jahr 1988 verfilmte, verwendete sie dieses Zitat als Titel.

Auch die materielle Not der Marienthaler und die psychischen Belastungen innerhalb der Familien wurden in der Studie ausführlich dokumentiert. Oft war das Essen knapp, vor allem gegen Ende des Monats, da die staatliche Unterstützung kaum zum Überleben reichte. Berührend auch die Aussage eines Lehrers, der von einem zwölfjährigen Schüler berichtete, der nur ein einziges Paar Schuhe besaß, das nur noch aus zusammengenähten Fetzen bestand. Wenn es regnete oder schneite, durfte der Bub nicht zur Schule gehen, Fußball spielen wurde ihm vom Vater verboten, um das verbliebene Schuhwerk zu schonen.

Was von Marienthal geblieben ist

Das Forscherteam profitierte relativ wenig von dem erfolgreichen Projekt. Wenige Jahre nach dem Erscheinen der Studie flüchteten fast alle Mitwirkenden vor den Nazis ins Exil. Obwohl sie einen Bestseller verfasst hatten, der im Laufe von Jahrzehnten in zahlreichen Ländern immer wieder neu aufgelegt wurde, erhielten sie nie Honorare oder Tantiemen.

Den Ort »Marienthal« sucht man vergeblich auf der Landkarte. Es handelte sich dabei um die Bezeichnung für eine 1820 gegründete Fabrik und seit 1845 für die angeschlossene Arbeiterkolonie, die zum Großteil in der Gemeinde Gramatneusiedl, eine halbe Stunde südöstlich von Wien gelegen, angesiedelt war. Manche der Arbeiterwohnhäuser sind noch erhalten, man kann sie bei Rundgängen von außen besichtigen. An Marie Jahoda erinnern in Gramatneusiedl ein nach ihr benannter Platz und eine Gedenktafel.

Im Jahr 2011 wurde in der Gemeinde das Museum Marienthal eröffnet, das sich in einem originalnahen Nachbau des »Arbeiter-Consum-Vereins« befindet und mit Schautafeln und Fotos über die Studie und die ehemalige Arbeiterkolonie informiert. Die Ausstellung hat der Grazer Universitätsprofessor und Marienthal-Experte Reinhard Müller konzipiert und kuratiert.

Info
Museum Marienthal
Hauptstraße 64, 2440 Gramatneusiedl
Täglich von 8–18 Uhr geöffnet, Eintritt frei
• agso.uni-graz.at/museum_marienthal/index.htm

16 Pecherei Rendl, Waidmannsfeld

Das flüssige Gold des Waldes
Das vom Aussterben bedrohte Traditionshandwerk zur Harzgewinnung hat im Piesting- und im Triestingtal überlebt und wird von einer Handvoll Pecher für die Nachwelt erhalten.

Robert Rendl hobelt einen etwa drei Zentimeter breiten Rindenstreifen ab, um das Harz, auch Pech genannt, zum Fließen zu bringen. Langsam läuft die zähe gelblich-transparente Flüssigkeit den Scharten entlang und tropft in das am Baum befestigte Häferl. »Schwarzföhren sind besonders widerstandsfähig«, erklärt der Pecher und wischt sich die klebrigen Hände mit einem ölgetränkten Tuch ab. »Bis zu vierzig Jahre kann man Harz aus ihnen gewinnen. Beherrscht man das Handwerk, nehmen die Bäume keinen Schaden.« Die Pecherei ist ein uraltes Gewerbe, das im südlichen Niederösterreich im 19. Jahrhundert seine Blütezeit erlebte. Rund 2.000 bis 4.000 Bäume musste ein Mann bearbeiten, um damit sein Leben bestreiten zu können.

Im Piesting- und im Triestingtal befindet sich das größte zusammenhängende Schwarzföhrenvorkommen Europas. Maria Theresia ließ die Bäume einst in der damals noch kargen Region pflanzen, um das Land fruchtbar zu machen. Deshalb siedelten sich hier auch viele Pecher an, mehrere tausend gingen damals dieser Tätigkeit nach. Das Wissen um die positiven Eigenschaften von Harz ist uralt.

Bereits die alten Ägypter wickelten ihre verstorbenen Pharaonen in harzgetränkte Leinentücher, um sie zu konservieren. Da Harz nicht wasserlöslich ist, eignet es sich auch zum Abdichten von Schiffen oder als Klebstoff. Im Mittelalter schütteten Burgbewohner Angreifern heißes Pech über die Köpfe. »Daher kommt die Mär vom schwarzen Pech«, sagt Rendl. »Damals war verkohltes Harz ein Nebenprodukt der Köhlerei.«

Aus destilliertem Harz kann man außerdem Terpentin und Kolophonium gewinnen, das sich als Grundlage für die Erzeugung von Salben, Seifen, Farben, Lacke, Papier und vielen anderen Produkten eignet. Kolophonium ist zum Bestreichen der Bögen von

Robert Rendl begutachtet die gepechten Bäume im Schwarzföhrenwald.

Das flüssige Gold des Waldes

Streichinstrumenten auch heute noch unerlässlich, da es die Klang-
eigenschaft wesentlich unterstützt. Geigenharz aus dieser Region ist
von hervorragender Qualität und wird von über sechzig der größten
Symphonieorchester weltweit verwendet. Vor allem aber hat das Gold
des Waldes eine entzündungshemmende Wirkung, es beschleunigt
nicht nur die Heilung von Wunden, sondern lindert unter anderem
auch Muskelentzündungen. Harz schließt die Wunden der Bäume,
bei Menschen und Tieren erzielt es den gleichen Effekt.

Ab Mitte der 1970er Jahre verstärkte sich der Trend zu industriell gefertigten Produkten mit künstlichen Inhaltsstoffen. Das
Handwerk verschwand fast völlig von der Bildfläche, nur vereinzelt
wurde es nebenberuflich weiter ausgeübt. Seit ein paar Jahren feiert
das Gewerbe in kleinem Rahmen ein Revival. Die Pecherei in Niederösterreich wurde 2011 von der UNESCO sogar in die Liste des imma-
teriellen Kulturerbes aufgenommen. Heute gibt es nur einige wenige
heimische Pecher, als einziger in Österreich arbeitet Robert Rendl
hauptberuflich in diesem Metier.

Glück durch Pech

Ein stressiger Außendienst-Job bescherte Robert Rendl mit knapp 40
Jahren ein Herzleiden samt Burnout. Eine dreijährige Auszeit folgte.
»So lange hat es gedauert, bis ich wieder gesund wurde.«

In dieser Zeit begleitete er den Bauer und Nebenerwerbspecher
Bernhard Kaiser oft in den Wald. Er war einer von drei Leuten, die
das Traditionshandwerk auch in jenen Jahren weiterführte, als sich
sonst niemand dafür interessierte. Rendl erlernte von Kaiser das
uralte Handwerk und leckte Harz. »Mir hat das unendlich viel Spaß
gemacht. Durch die langen Aufenthalte in der Natur und die manuelle
Arbeit spürte ich mich selbst wieder.«

Rendls Glückssträhne begann quasi mit Pech. Fortan recher-
chierte er, führte Gespräche mit älteren Pechern, studierte Bücher,
die zum Teil noch in Kurrent geschrieben waren und beschäftigte sich
mit überlieferten Rezepturen für Haus- und Heilmittel aus Harz. Auf
Flohmärkten und bei Verlassenschaften erstand er beständig bis zu
100 Jahre altes Werkzeug. »Neues Arbeitsgerät müsste ich nach nur
zwanzig bearbeiteten Bäumen nachschleifen, mit dem alten Werkzeug schaffe ich hunderte.« Er pachtete sich ein paar Hektar Wald im
oberen Piestingtal und geht seitdem von März bis Oktober zweimal
pro Woche in den Wald, um Pech zu gewinnen.

Daneben produziert Rendl aus seinem Harz nach alten Originalrezepten unter anderem Balsame, Seifen, Öle, Raumdüfte und Räucherharz. Das Sortiment vertreibt er hauptsächlich auf Märkten und Online. Seine Produkte verpackt er nachhaltig in Kartons oder füllt sie in Gläser. Die Holzdeckel dafür werden in einer Behindertenwerkstätte hergestellt. Der Pecher achtet penibel auf seinen ökologischen, aber auch sozialen Fußabdruck. Zusätzlich bieten er und Bernhard Kaiser gemeinsam Workshops und Seminare rund um ihr Handwerk an und halten Vorträge als Waldpädagogen. Mittlerweile ist Rendls Pecherei fast so etwas wie ein Ausflugsziel geworden.

Seine Arbeit ist mitunter sehr anstrengend. Die Bäume werden von unten nach oben bis auf eine Höhe von etwa fünf Meter in zehn Jahren bearbeitet. Ab dem vierten Jahr benötigt der Pecher eine Leiter, dann wird mit einer Hand gehobelt, mit der anderen hält er sich fest. Diese Prozedur wiederholt sich auf allen vier Seiten der Föhre. Während der Ernte, im Volksmund »Ausfassen«, schleppt er oft zwei Kübel mit jeweils bis zu 30 Kilo Harz durch den Wald. Obwohl die Nachfrage nach Produkten und Workshops groß ist, will er keine Expansion seines Betriebs, andere Dinge sind ihm heute wichtiger. Der 47-Jährige ist glücklich, dass er von und in der Natur leben und damit seinen Lebensunterhalt bestreiten kann. »Am Ende der Saison bedanke ich mich bei jedem Baum, dass er mir sein Harz geschenkt hat, denn das ist nicht selbstverständlich.«

Info
Pecherei Rendl
Hauptstraße 34, 2761 Waidmannsfeld
- pecherei-rendl.at
- www.schwarzfoehre.at

Tipp
Pechermuseum und Lehrpfade
Ausführliche Informationen über das Traditionshandwerk bietet das Pechermuseum der Gemeinde Hernstein, die einst als Zentrum der Harzgewinnung galt. Werkzeuge und Schaubäume werden präsentiert und von einer Filmdokumentation ergänzt. Zudem wurde in der Nähe des Museums ein Pecherlehrpfad angelegt. Einen weiteren Lehrpfad rund um das Thema findet man in dem zehn Kilometer entfernten Ort Hölles. Dort kann man auch einen Pechbaum mieten. Der Mieter darf unter Anleitung das Pechern selbst versuchen und über die »Ernte« verfügen.

Die Burgherrin und ihr Reich aus Glas
Rund um einen Handwerksbetrieb entstand eine vielfältige Glas-Erlebniswelt. Die Fassade des Gebäudes wird von sieben Millionen manuell geklebten Mosaiksteinen geschmückt.

»Für den kreativen Schnickschnack bin ich zuständig«, sagt Hilde Kuchler, während sie in ihrem Arbeitskittel durch die weitläufigen Ausstellungsräume und Werkstätten wirbelt. »Die gläserne Burg ist mein Baby, mein Reich.« Die kunstaffine Seniorchefin des Kuchlerhauses in Weigelsdorf hat vor über 50 Jahren einen Glasereibetrieb mit ihrem Mann gegründet. Im Laufe der Jahre ist dank ihres Engagements die 1.000 m² große Erlebniswelt rund um das Thema Glas als fantasievolle Ergänzung zum Handwerksbetrieb entstanden.

Im durchdesignten Kunstcafé pausieren Gäste unter dem größten Glasschmelzbild Europas, beim Flanieren durch das Palmenhaus und den Skulpturenpark laden sie ihre Batterien auf. Erwachsene und Kinder fertigen filigrane Dekostücke in Kreativkursen. Im Shop werden zahlreiche Unikate wie Schalen, Vasen oder Schmuck feilgeboten, produziert in der hauseigenen Manufaktur. Objekte von internationalen Kollegen und Künstlern des Hauses sind in der Galerie ausgestellt, im Glasmuseum wird die Geschichte der Glasbläserei ebenso vermittelt wie die Tatsache, dass Glas eigentlich ein Naturprodukt ist, das etwa auch in der Gluthitze von Vulkanen entsteht.

Das größte Glasmosaik Europas
»Glas ist amorphes Material. Erhitzt man es auf 1.200 Grad Celsius, ist es formbar. Genau das fasziniert mich.« »Glasinfiziert« sei sie, erzählt Hilde Kuchler. Diesen Infekt hat die agile Mittsiebzigerin an nachfolgende Generationen weitervererbt, auch ihr Sohn und ihr Enkel üben das 2.000 Jahre alte Kunsthandwerk aus. Die Glasbilder des »Zweiers« (Sohn Peter Nikolaus) und die Lampen des »Dreiers« (Enkel Peter) werden, genauso wie die Schöpfungen der Burgherrin, in Galerie und Museum präsentiert. Im Gedächtnis bleibt etwa der

2,5 Tonnen Glas wurden für das größte Glasmosaik Europas verwendet.

Lotus, ein leuchtendes Kunstobjekt, das der »Dreier« aus 250 Kilo Glas fertigte. Glaskunst ist ein Geduldsspiel. Der Rohstoff muss immer wieder erhitzt, geformt und langsam gekühlt werden. Nachdem er aus dem Brennofen kommt, bleiben nur wenige Sekunden, bis er sich wieder verhärtet. Der Glaskünstler muss in dieser kurzen Zeitspanne schnell und exakt arbeiten.

»Ästhetik, Hingabe und Liebe zum Detail sind wichtig«, betont die Burgherrin. Den gläsernen Beweis dafür sieht man an der Außenfront der Burg. Ein Mosaik aus sieben Millionen Steinchen schmückt das Gebäude, jedes einzelne wurde manuell auf einer Fläche von 300 m² auf Netze geklebt. Dreieinhalb Jahre Arbeit, 2,5 Tonnen Glas und mehrere freiwillige Helfer waren für die Gestaltung der bunten Fassade nötig. Dabei entstand das größte Glasmosaik Europas.

Info
Die gläserne Burg
Pottendorfer Straße 28, 2483 Weigelsdorf
• www.kuchlerhaus.at

Mini-Momentaufnahmen in Vitrinen

Das Museum ist auch eine erfolgreiche Produktionsstätte, in der das alte Kunsthandwerk des Zinngießens noch ausgeübt wird. Selbst die New Yorker MET erwarb bereits Figuren made in Katzelsdorf.

Die Lipizzaner aus Zinn, die im Shop der Hofreitschule verkauft werden, kommen aus Katzelsdorf. Die Metropolitan Opera (MET) in New York bestellte in der kleinen Gemeinde österreichische Komponisten in Miniaturausgabe. Derzeit arbeitet das 14-köpfige Museums-Team an der Darstellung von Andreas Hofers Hinrichtung für eine Ausstellung in Mantua, Italien. Eine große Erfolgsgeschichte für die kleine Zinnfigurenwelt, die 2004 fast ausschließlich mit Leihgaben eröffnet wurde.

Durch Verlassenschaften, Schenkungen und den Ankauf der Konkursmasse dreier Firmen ist der Bestand rasant gewachsen. Aktuell werden etwa 40.000 Menschlein und Tierchen aus Zinn auf der 700 m² großen Ausstellungsfläche einzeln oder in Dioramen (3-D-Schaubildern) präsentiert. Im Depot befinden sich noch einmal 400.000 Stück, die Exponate in den Vitrinen werden laufend getauscht. Die Zinnfigurenwelt Katzelsdorf ist das zweitgrößte Museum seiner Art in Europa und zugleich Produktionsstätte.

Das Militär ist nur ein Thema unter vielen. In den Vitrinen finden sich ebenso Exponate aus den Bereichen Geschichte, Fantasy, Märchen, Literatur oder Comic. Die ältesten Stücke stammen aus der Mitte des 18. Jahrhunderts, die neuesten verließen vor kurzem die hauseigene Werkstatt. Es gibt fast nichts, was es *en miniature* nicht gibt. Die Darstellung des Bucintoro, des Staatsschiffs des Dogen von Venedig, ist etwa die größte Zinnflachfigur der Welt. In den Schaukästen entdecken wir unter anderem das Nibelungenlied in neun Episoden, Szenen aus Asterix und Obelix, dem Wilden Westen oder King Kong und reale Promis wie Mata Hari, Marilyn Monroe, John Wayne und Charlie Chaplin. Die Darstellung des Barons von Trapp

Diorama der Türkenbelagerung Wiens im Jahr 1683.

Mini-Momentaufnahmen in Vitrinen

Etwa 60.000 Zinnfiguren werden in Katzelsdorf jedes Jahr gegossen
und bemalt.

als U-Boot-Kommandant im Ersten Weltkrieg lockte unlängst sogar
eine japanische Touristengruppe nach Katzelsdorf.

»Wir arbeiten so authentisch wie möglich«, betont Museumsdirektor Franz Rieder und nimmt als Beispiel den Andreas-Hofer-Auf-
trag für das Museum in Mantua. »Für dieses Projekt ermitteln wir
gemeinsam mit Historikern, wo Hofer wahrscheinlich erschossen
wurde, welche Gesichtszüge er hatte und welche Kleidung die Pro-
tagonisten getragen haben.« Sammler lieben die Zinnfigurenwelt
gerade wegen dieser Akribie, schließlich sind die meisten von ihnen
Pedanten, die jedes Detail hinterfragen.

Ein weiteres Anliegen sei es außerdem, mit einem hartnäckigen
Vorurteil aufzuräumen. »Zinnfiguren sind nicht nur Sammelobjekte
für kriegsbegeisterte Herren, sondern waren ursprünglich ab der Mitte des 18. Jahrhunderts ein populäres Kinderspielzeug, vergleichbar
mit den heutigen Playmobilfiguren«, sagt Rieder. »Auch Jugendliche

Arbeit, Industrie und altes Handwerk

erreichen wir mit unseren Produkten. Einmal pro Woche spielen sie bei uns mit Tabletop-Figuren aus Zinn komplexe Fantasy-Spiele.«

Eine Figur, vier Kunsthandwerker

»Diese Figur ist leider fehlerhaft, sie hat ein Loch in der Fahne«, sagt Markus Schindel, nachdem er die über 100 Jahre alte Gießform geöffnet hat. Seit Schindel 2011 die Arbeit als einer von derzeit zwei aktiven österreichischen Zinngießern in Katzelsdorf übernahm, hat der 39-jährige Zigtausende der Miniatur-Skulpturen »in Form gebracht«. Dafür brauche man Geschick und vor allem viel Geduld. In dem Kessel auf seinem Arbeitstisch schmilzt gerade Zinnlegierung bei einer Temperatur von 360 Grad. »Ist das Metall flüssig, gieße ich es in eine Form. In wenigen Sekunden ist es erstarrt. Pro Minute kann ich ungefähr sechs Figuren machen.«

Etwa 60.000 Zinnfiguren werden hier jedes Jahr gegossen und bemalt. Teilweise in historischen Model, teilweise nach neuen Vorlagen. Für die Niederösterreichische Landesausstellung 2019 formten die Museumsmitarbeiter etwa Abbilder der Semmeringbahn oder des Wiener Neustädter Doms.

»Wir möchten dieses alte Kunsthandwerk am Leben erhalten«, bekräftigt Museumsdirektor Rieder. Ein ambitioniertes Unterfangen, immerhin braucht man für die Herstellung einer neuen Original-Zinnfigur vier Handwerker. Zunächst muss ein Zeichner eine Vorlage erstellen, nach der ein Graveur eine Form anfertigt. Anschließend wird gegossen und bemalt. Wenn der Gießer mit den zum Teil bis zu 200 Jahre alten Formen arbeitet, die das Museum besitzt, entfallen die Arbeitsschritte eins und zwei. »Viele der Graveure leben natürlich nicht mehr«, erzählt Schindel. »Jeder hatte seinen eigenen Stil, deshalb sind diese Formen kostbare Unikate.«

Info

Zinnfigurenwelt Katzelsdorf

Hauptstraße 69, 2801 Katzelsdorf

Jeden ersten Sonntag im Monat findet ein Schaugießen statt.

Für Kinder und Erwachsene werden Zinnfiguren-Malworkshops angeboten.

• www.zinnfigurenwelt-katzelsdorf.at

Tipp

Tabletop-Stammtisch

Jeden Freitag treffen sich Fantasy-Begeisterte in der Zinnfigurenwelt zum Tabletop-Spielen. Interessierte sind jederzeit willkommen.

Honigsüßes wie aus alten Zeiten
In einem Traditionsbetrieb in der Altstadt von Mödling wird Lebkuchen nach jahrhundertealten Familienrezepten produziert und verkauft.

Philipp Waldhans zieht seine Kochhaube über den Kopf, bindet sich eine Schürze um die Hüften und geht in seine Backstube. Der junge Mann mit dem alten Handwerksberuf bestäubt die Tischplatte mit Mehl. Danach knetet er den Teig, entrollt ihn und sticht herzförmige Lebkuchen aus, die er vorsichtig auf ein Backblech legt. Der Lebzelter geht nicht mit der Zeit, und das ist gut so. »Wir fertigen unsere Produkte fast ausschließlich ohne Maschinen. Die Grundrezepte wurden innerhalb unserer Familie mündlich überliefert.« Der Stammbaum der Familie Rachenzentner ist zurück bis 1630 dokumentiert. »Adam Rachenzentner war zu diesem Zeitpunkt Lebzelter in Mistelbach«, erzählt Waldhans. Vinzenz und Anna Rachenzentner erwarben 1807 in Mödling den Herzoghof, ein üppig mit ornamentalen Malereien verziertes Bauwerk aus dem 15. Jahrhundert. Die Lebzelter-Dynastie führte ihr Gewerbe von nun an im Zentrum Mödlings bis 1988 weiter, 2011 übergab Herbert Rachenzentner das Unternehmen an seinen Großcousin Philipp Waldhans. Der gelernte Koch pflegt das alte Traditionshandwerk weiter.

Die Verkaufsstätte ist zum Teil noch mit der Originaleinrichtung aus 1807 bestückt, in einer Vitrine wird altes Lebzelter-Werkzeug präsentiert, an den Wänden hängen Gemälde mit den Konterfeis der Ahnen. Auch eine Niederschrift der Vorfahren, feinsäuberlich in Kurrentschrift, über die »Lehre des Lebzelters« existiert noch.

Weinbeißer und Afrikaner
Knapp 50 verschiedene Lebkuchensorten produzieren Waldhans und seine Mitarbeiter in der Backstube. Im Geschäft bietet er zusätzlich noch Met und Bienenwachskerzen an. »Lebzelter übten damals auch den Beruf des Wachsziehers aus. Honig ist eine Grundzutat, aus den Waben wurden Kerzen hergestellt«, erzählt Waldhans. Sein Lebkuchenteig besteht wie schon bei seinen Ahnen aus heimischen

Philipp Waldhans führt das Traditionshandwerk weiter.

Ingredienzien, die älteste Spezialität des Betriebs ist der Afrikaner – bei dieser Variation wird der Lebkuchen mit Rosinen und kandierten Früchten gefüllt und danach mit Schokolade ummantelt. »Unser Verkaufsschlager ist aber nach wie vor der Weinbeißer, ein Klassiker aus der Region.« Früher war es beim Heurigen üblich, den biskottenförmigen Lebzelten mit Zuckerglasur in den sauren Wein zu tunken. Die unterschiedlichen Leckereien aus dem Mödlinger Traditionsbetrieb, egal ob nach alten oder neueren Rezepten, sind weicher und saftiger als industriell gefertigte Supermarktware. Während Philipp Waldhans das Blech mit den gebackenen Herzen aus dem Ofen zieht, spaziert ein Bub herein. »Hallo«, sagt er leise. Waldhans legt kommentarlos einen Lebkuchen in die kleine Hand. »Die Kinder aus der Nachbarschaft besuchen uns gerne«, sagt er lächelnd.

Info
Lebzelterei Rachenzentner
Herzoggasse 4, 2340 Mödling
• www.lebzelterei-rachenzentner.at

Eisige Verführung

Eis vom Bauernhof aus der Buckligen Welt löste vor einigen Jahren in der Wiener Innenstadt einen Hype aus. Mittlerweile hat sich die Produktionsstätte in einen Schaubetrieb samt Outdoor-Erlebniswelt verwandelt.

Sommer + Kinder + übrige Milch = Eis. So lautet die Rechnung, mit der alles begann. Die Krumbacher Biobauern Andrea und Georg Blochberger verkauften damals Milch an Schulen und wussten nicht, was sie mit den Überschüssen in den Sommerferien machen sollten. Also begann das Ehepaar in seiner Küche mit einer kleinen Eismaschine zu experimentieren. Die beiden boten ihre süßen Kreationen ein paar Wirten in ihrer Umgebung an, doch die Gastronomen zeigten sich nicht sehr begeistert. Eis vom Bauernhof, das konnten sie sich nicht vorstellen.

Das Blatt wendete sich, als ein Kaffeehaus im Tiergarten Schönbrunn einen neuen Eislieferanten suchte. Der Lokalbesitzer war zu Beginn ebenfalls skeptisch, darüber hinaus hatte er sich zuvor schon für einen großen Lieferanten entschieden. Trotzdem willigte er in ein Treffen samt Verkostung ein. Und siehe da, die Begeisterung des Mannes wuchs mit jedem Löffelchen, das er probierte. Er nahm die Blochbergers, zu der Zeit noch ohne Markennamen, schließlich unter Vertrag. Das war der Startschuss, 2011 folgte die erste Eis-Greissler-Filiale in der Rotenturmstraße 14 in Wien. Wer öfters im Zentrum der Hauptstadt unterwegs ist, kennt wahrscheinlich den lediglich 18 m² großen Laden mit den hellblau-weiß-karierten Wänden auf der Touristenmeile zwischen Steffl und Schwedenplatz. Das typische Merkmal ist die ewig lange Menschenschlange vor dem Geschäftslokal. Aufgrund der großen Nachfrage musste die Produktionsstätte in Krumbach bereits nach zwei Jahren erweitert werden.

Was ist so besonders an der kühlen Nascherei aus der Buckligen Welt? Erstens glückliche Kühe. Die Tiere bewegen sich frei in

Hellblau-weiß-kariertes Paradies für Naschkatzen.

Eisige Verführung

einem offenen Laufstall und werden mit Biogetreide gefüttert. Zweitens hat die Milch einen besonders hohen Fettgehalt und wird ganz frisch verarbeitet. Gleich nach dem Melken kommt sie in die Produktion, während andere Eishersteller meist auf Milchpulver zurückgreifen. Drittens die zum Teil ausgefallenen Geschmacksrichtungen wie Spargel-, Kürbiskernöl- oder Holunderblüteneis, Schokoladeneis wird aus Zotter-Schokolade hergestellt. In Wien kam dem Eis Greissler zudem noch die große Auswahl an veganen Eissorten zugute. Die Fruchtsorten enthalten gar keine Milch und sind reine Fruchtsorbets, mindestens zwei Cremesorten werden mit Hafer- bzw. Sojamilch hergestellt. Viertens werden für die Produktion bis auf wenige Ausnahmen nur regionale und saisonale Zutaten verwendet. »Es gibt so viel heimisches Obst, das man für Eis verwenden kann. Natürlich sind exotische Früchte auch interessant, aber wir verwenden so oft wie möglich die Urprodukte der Bauern aus unserer Region«, sagt Andrea Blochberger. Das Konzept der Biobauern aus der Buckligen Welt ging auf, mittlerweile gibt es neun karierte Stanitzel-Shops in sechs Bundesländern. An eine Expansion ins Ausland denken die Blochbergers (derzeit) nicht, mit 50 Milchkühen sind natürliche Grenzen gesetzt.

Schlecken und Schauen

Rund um den Bauernhof der Blochbergers hat sich die Manufaktur in Krumbach zusätzlich zu einem beliebten Ausflugsziel entwickelt. Es gibt einen Schaubetrieb mit Führung, bei der man einen Blick in die Produktionsstätte werfen und den Stall samt Kühen begutachten kann. »Wir sind ein authentisches Unternehmen und haben keine Geheimnisse vor unseren Kunden«, begründet Georg Blochberger diesen Schritt. Nach dem Rundgang folgt eine Verkostung von Basisprodukten wie Kuh- oder Hafermilch, Fruchtkonzentraten, Joghurt und Zotter-Schokolade, drei Kugeln Eis sind bei dem Rundgang ebenfalls inkludiert. Auf dem Gelände befinden sich außerdem ein Hofladen, ein Selbstbedienungsrestaurant, mehrere Eisausgabestellen, Sonnenterrassen und ein Seerosenteich mit Strandkörben.

Die Hauptattraktion für Kinder ist wohl der riesige Spielplatz, der unter anderem ein Tiergehege, einen Riesenrutschturm, eine große Wassererlebniswelt, einen riesigen Hüpfpolster, einen Aussichtspavillon, Tret-GoKarts, einen Wackeltraktor und viele Klettermöglichkeiten und Schaukeln umfasst. Rund um die Weihnachtszeit

Arbeit, Industrie und altes Handwerk

Kinder lieben den Riesenrutschturm und die Wassererlebniswelt.

veranstaltet der Eis Greissler am Hof einen Adventzauber, für den er sogar spezielle Wintereissorten kreiert.

Info
Eis Greissler
Königsegg 25, 2851 Krumbach
• www.eis-greissler.at

Tipp
Mandl's Ziegenhof
Der Ziegenhof in Lichtenegg in der Buckligen Welt wurde für seine Produkte bereits mehrfach ausgezeichnet. Die Milch wird in der hofeigenen Käserei zu herrlich schmeckendem Ziegenkäse und Joghurt verarbeitet und im Hofladen verkauft. Sowohl bei der Haltung der rund hundert Tiere als auch bei der Herstellung der Nahrungsmittel wird auf Nachhaltigkeit geachtet. Führungen ab sieben Personen.
• www.ziegenhof.at

Der Nachlass der Sommerfrischler

NIEDERÖSTERREICH
(MOSTVIERTEL)

WIEN

Donau

• Mödling
• 25

• 26
• Baden

Wiener Neustadt • 24

△ Schneeberg (2.076 m)

BURGENLAND

• Neunkirchen

• 21
• 22
• Gloggnitz

• 23
• Semmering

STEIERMARK

Bruck an der Leitha

Wussten Sie, dass ...?

... es im Südbahnhotel ein luxuriöses Marmor-Kotzbecken in der Herrentoilette gab, das scherzhaft als »Papst« bezeichnet wurde?

... sich Kaiser Franz I./II. in Laxenburg als Fährmann betätigte?

... Kaiser Karl I. und Kaiserin Zita in Reichenau an der Rax ihre Flitterwochen verbrachten und ihr Sohn Otto von Habsburg hier 1912 zur Welt kam?

... in Reichenau an der Rax 1887 die erste ländliche Telefonzentrale der Habsburgermonarchie eröffnet wurde?

21 Schlossgärtnerei Wartholz, Reichenau an der Rax

Wo der Kaiser Urlaub machte
Die Villa Wartholz, einst beliebte Sommerresidenz der Habsburger, ist heute Gärtnerei, Interieurgeschäft, Café-Restaurant und Literatursalon.

Am 28. Juni 1914 um die Mittagszeit nahmen Erzherzog Karl und seine Ehefrau Zita in ihrem abgeschiedenen Anwesen in Reichenau an der Rax gerade das Mittagessen ein, als sie ein Telegramm mit äußerst brisantem Inhalt erreichte. Thronfolger Franz Ferdinand und seine Gemahlin Herzogin Sophie von Hohenberg waren in Sarajevo ermordet worden. Karl wusste in diesem Moment, dass er der nächste Kaiser sein würde. Sein Sohn Otto war zu jener Zeit noch ein Kleinkind, dennoch blieb ihm diese bewegende Szene bis ins hohe Alter im Gedächtnis. Es sei gewesen, als ob die Welt stehen bleibe.

»Dort, wo der Balkon ist, haben Zita und Karl geschlafen«, sagt Michaela Blazek und zeigt nach oben. Die Villa Wartholz, erbaut 1870–1872, ist ein für Habsburger-Verhältnisse kleines und schlichtes Schloss, das mit viel Noblesse auf einer leichten Anhöhe im Zentrum des Parks thront. Gewundene Wege führen von dem Anwesen weg, vorbei an altem Baumbestand und einem künstlich angelegten Teich mit Bootshaus. Einst sorgten auf dem Areal auch ein Tennisplatz, ein Schwimmbecken und eine Kegelbahn für Kurzweil bei Bewohnern und Gästen. Westlich der Villa befinden sich Nebengebäude, in dem die Dienerschaft und der Hofstaat der Habsburger untergebracht waren. »Wir lassen sie gerade zu einer Pension mit 16 Fremdenzimmern umbauen«, erzählt Blazek.

Erzherzog Karl Ludwig, Karls Vater und Bruder von Kaiser Franz Joseph I., hatte das Domizil erbauen lassen und residierte hier mit seiner Familie 23 Sommer lang. Auch Zita und Karl nutzten es häufig als Sommerresidenz und sogar zum Flittern, ihr ältester Sohn Otto wurde 1912 hier geboren. Heute werden die Salons der Villa Wartholz von den jetzigen Besitzern, Michaela und Christian Blazek, und ihren Kin-

In der Hauptsaison wird vor dem Café-Restaurant auch Kino unter freiem Himmel geboten.

dern, bewohnt. Betritt man das Gebäude, gelangt man zunächst in eine Halle mit einem Glasbaldachin, von der eine hölzerne Freitreppe in den ersten Stock führt. Linker Hand befindet sich eine Kapelle, in der Messen, Taufen und Hochzeiten im kleinen Rahmen abgehalten werden. Bei der Seligsprechung von Kaiser Karl I. im Jahr 2004 fand hier eine Gedenkfeier für den Monarchen statt.

Von der Habsburgerresidenz zum öffentlichen Treffpunkt

Das letzte offizielle Ereignis im Schloss Wartholz war die Promotion der Maria-Theresien-Ritter durch Kaiser Karl am 17. August 1918. Nach dem Ende des Ersten Weltkriegs mussten er und Zita ins Exil. Otto von Habsburg verkaufte die Liegenschaft in den 1950er-Jahren, nach mehrmaligem Besitzerwechsel wurde es 2001 vom Ehepaar Blazek erworben. Sie suchten damals einen neuen Standort für ihren Gärtnereibetrieb, die ehemaligen Räumlichkeiten der Schlossgärtnerei waren ideal. Die beiden erweckten das Anwesen in den Folgejahren aus seinem Dornröschenschlaf. Sie revitalisierten und erweiterten das Gebäude und machten einen Teil des Parks der Öffentlichkeit zugänglich. 2006 eröffneten sie ein weitläufiges Geschäft, in dem Dekorations-, Geschenks- und Gartenartikel verkauft werden, sowie ein romantisches Café-Restaurant mit Orangerie und Gastgarten. Seit 2007 wird das Angebot durch eine Kulturschiene ergänzt.

»Seitdem veranstalten wir das ganze Jahr über Lesungen«, erzählt Christian Blazek. »Literatur hat in Reichenau Tradition, hier trafen sich Künstler wie Heimito von Doderer, Peter Altenberg und Arthur Schnitzler zur Sommerfrische. Wir wollen aber nicht nur von der Vergangenheit zehren, sondern auch zeitgenössische Autoren in unseren Ort holen.« Die Blazeks initiierten einerseits den hochdotierten Wartholz-Literaturpreis und fördern andererseits Nachwuchstalente. Sie veranstalten Poetry-Slams mit Schülern und Lesungen mit Hobbyautoren. Herzstück ist der Literatursalon, in dem abwechselnd Prominente wie Christoph Ransmayr oder Erwin Steinhauer, aber auch unbekannte Newcomer auftreten. Zudem werden alternierend Theaterstücke, Revuen und Filme gezeigt, in der Hauptsaison wird vor der Orangerie auch Kino unter freiem Himmel geboten. Der Literatursalon liegt gegenüber der Gärtnerei und war früher ein Pferdestall, nun beherbergt er eine Bühne und Sitzplätze für bis zu 270 Personen.

Das Privatschloss selbst dient häufig als Filmkulisse. Unter anderem wurde 2014 in einem der Wartholz-Salons die Sterbeszene von Alfred Nobel für den Film *Eine Liebe für den Frieden* (mit Birgit Minichmayr als Bertha von Suttner) gedreht. Im selben Jahr residierte auch der dekadente Familienclan aus David Schalkos Serie »Altes Geld« im Schloss, die Dreharbeiten in Reichenau dauerten sechs Wochen. Die Blazeks erinnern sich gerne an diese Zeit. »Das Filmteam hat die Villa und den Garten durch spezielle Ausleuchtung romantisch in Szene gesetzt. Die Stimmung war sensationell«, schwärmt Michaela Blazek.

Herrschaftliche Villen und ein Landhaus

Nachdem die Habsburger in Reichenau zwei Schlösschen, zunächst die Rudolfsvilla und danach eben die Villa Wartholz errichten ließen, zog es mehr und mehr Adelige und wohlhabende Bürger in den kleinen Ort am Fuße der Rax. Die Rudolfsvilla, auch »Sisi-Schloss«

genannt, wurde 1857 erbaut und diente Kaiser Franz Joseph I. und seiner Familie als Sommerresidenz. Heute befinden sich Mietwohnungen und Veranstaltungsräume in dem herrschaftlichen Gebäude. Noch imposanter ist das für Nathaniel von Rothschild erbaute Schloss Rothschild im Ortsteil Hinterleiten, nun im Besitz der »Vereinigten Altösterreichischen Militärstiftung«. Leider ist es öffentlich nicht zugänglich, es werden lediglich einige Ferienwohnungen an Private vermietet.

Weniger mondän, dafür aber von kulturhistorischer Bedeutung ist ein Landhaus im Reichenauer Ortsteil Edlach-Dörfl. Hier verbrachten der Kabarettist Karl Farkas und seine Ehefrau Anna mit Ausnahme der Zeit ihrer Emigration alle Sommermonate. An der Fassade erinnert eine Marmortafel an den Künstler: »Karl Farkas lebte und wirkte hier von 1928 bis 1971«. Er schuf hier zahlreiche Werke in seinem Arbeitszimmer im ersten Stock. Anna starb acht Jahre nach ihrem Mann im Jahr 1979, das Haus erbte die langjährige Farkas-Wirtschafterin Ida Pickl. 2015, im Alter von 80 Jahren, beschloss Frau Pickl, die kleine Villa zum Verkauf anzubieten. Das Haus kam in gute Hände, die jetzige Besitzerin hält das Farkas-Andenken in Ehren. Teile seines Interieurs hat sie belassen, Gebrauchsgegenstände des Ehepaares als Deko verwendet. Sie selbst nutzt das Domizil mit ihrer Familie als Wochenend- und Ferienhaus und den Keller als Atelier.

Info
Schlossgärtnerei Wartholz
Hauptstraße 113, 2651 Reichenau an der Rax
• www.schloss-wartholz.at

Tipp
Kurpark Reichenau
Im Zentrum der Gemeinde liegt der idyllische Kurpark Reichenau mit seinem zu Beginn des 20. Jahrhunderts erbauten Musikpavillon und einem Teich mit künstlich angelegter Insel, auf dem man von Juni bis September Boot fahren kann. Im Parkcafé genießen die Gäste bei Kaffee und Kuchen das herrliche Bergpanorama. Gleich nebenan befindet sich das Gebäude der von Renate und Peter Loidolt begründeten Festspiele Reichenau – jeweils im Juli und August warten hier unvergessliche Theatererlebnisse auf die Besucher.

»Hier Amt, was beliebt?«
Das ehemalige k. k. Post- und Telegraphenamt Küb ist das einzige historische Postamt Österreichs und wird als Museum geführt.

Christoph Rella steht vor dem über hundert Jahre alten Klappenschrank und dreht kräftig an der Kurbel eines Telefons. Nach ein paar Sekunden fällt die Klappe mit der Nummer Acht nach vorne. Zu der Zeit, als der Sprechapparat mit dem Baujahr 1906 noch im Einsatz war, hätte sich nun am anderen Ende der Leitung eine freundliche Frauenstimme mit den Worten: »Hier Amt, was beliebt?« gemeldet. »Durch das Kurbeln habe ich einen elektrischen Impuls ausgelöst, die Damen von der zuständigen Zentrale wussten damals, dass der Teilnehmer mit der Nummer Acht telefonieren möchte«, sagt Rella, seines Zeichens Gemeinderat und Historiker.

Er erklärt, wie kompliziert es damals war, ein Telefongespräch zustande zu bringen. »Man musste diesen Ablauf gut beherrschen.« Waren die entsprechenden Leitungen frei, wurde die Verbindung zur nächsten Vermittlungsstelle hergestellt. Nach dem Ende des Gesprächs betätigte der Anrufer erneut die Kurbel, das Fräulein vom Amt trennte die Verbindung und brachte die Klappe manuell in die Ausgangslage zurück. Jede Nummer war einem Abonnenten zugeordnet. In Sommerfrischeorten wie Küb handelte es sich bei den Kunden mit eigenem Telefonanschluss häufig um Hotels. »In Reichenau wurde im Jahr 1887 die erste ländliche Telefonzentrale der Habsburgermonarchie eröffnet«, weiß Rella.

Küb erhielt erst 1905 ein eigenes Postamt, ebenfalls dank der Urlauber. Das Dorf hatte sich zu einer Sommerfrische-Destination entwickelt. Villen und Hotels entstanden. Der findige Landwirt Alois Lechner erkannte den wachsenden Bedarf nach Kommunikation und eröffnete 1905 in seinem Haus mit der Nummer 7 ein Postamt. Zuerst betrieb er es nur in den Sommermonaten, ab 1908 ganzjährig.

Herzstück der musealen Amtsstube ist die Jugendstilschalterwand, die aus dem prunkvollen Postsparkassensaal des Südbahnhotels stammt. Auf den Milchglasfenstern wird noch immer in großen

Die elegante Jugendstilschalterwand stammt aus dem Südbahnhotel.

Lettern für Ferngespräche und Telegramme geworben. »Auch Tische und die Telefonzelle sind vom Semmering«, sagt Rella.

2004 wurde der Betrieb eingestellt, zwei Jahre darauf eine Postservicestelle eröffnet. Die Gemeinde betreibt die Amtsstuben an den Wochenenden von Mai bis September als Museum. Ansichtskarten und hauseigene Sondermarken werden verkauft, die in Kombination mit dem Küber Poststempel beliebte Sammlerstücke sind.

Kaiserliche Legenden

Die über hundert Jahre alten Exponate regen die Fantasie an. Welche hohen Persönlichkeiten verschickten wohl an diesem Ort Briefe mit delikatem Inhalt oder führten brisante Telefonate?

Die bekannteste Geschichte dreht sich um die letzte Kaiserin Zita (1892–1989), der man nachsagt, dass sie maßgeblich für die Gründung des Postamts verantwortlich sei. Bei ihren Verwandtenbesuchen auf Schloss Wartholz (siehe Kapitel 21) gab es angeblich keinen Platz für ihre Lieblingszofe, daher musste diese laut Überlieferung in Küb nächtigen. Aus diesem Grund soll Zita die Verlegung einer Telefonleitung von Reichenau nach Küb verlangt haben. Rella bezweifelt den Wahrheitsgehalt dieser Geschichte, weiß aber: »1873 ist Küb tatsächlich Schauplatz eines hohen Besuches geworden. Kaiserin Elisabeth hat hier in der Villa des Journalisten Eduard Warrens übernachtet, weil sie dem Trubel in Wien während der Weltausstellung entkommen wollte.« Allerdings gab Sisi in Küb sicherlich nie einen Brief auf.

Info
Historisches Postamt Küb
Küber Straße 28, 2671 Payerbach
• www.postamt-kueb.at
Bürgerservicebüro der Marktgemeinde Payerbach
Ortsplatz 7, 2650 Payerbach
• www.payerbach.at

Schlafende Schönheit am Zauberberg

In der Vor- und Zwischenkriegszeit verbrachte die feine Gesellschaft ihre Ferien gerne am Semmering. Das Südbahnhotel war das erste Grand Hotel der Region und eines der führenden Luxushotels in Europa.

»Am Anfang dachte ich, ich würde mich mehr fürchten«, sagt Gerald Hahnl. »Es rumpelt zwar die ganze Zeit, wenn nicht alle Fenster und Türen geschlossen sind, aber mit Spukgeschichten kann ich nicht dienen.« Vielmehr ist er einer jener drei guten Geister, die abwechselnd Tag und Nacht durch das leerstehende Wahrzeichen der Gemeinde Semmering wandeln, um es zu betreuen und vor Vandalismus zu schützen. Der Arbeitsplatz des Sicherheitsangestellten erstreckt sich auf 18.000 m², Salons und Zimmerfluchten verteilen sich weitläufig auf mehrere Stockwerke.

Das Südbahnhotel wurde 1882, damals noch unter dem Namen »Hotel Semmering«, auf rund 1.000 m Seehöhe mit zunächst 60 Zimmern eröffnet. Das Haus, von der k. u. k. Südbahngesellschaft in Auftrag gegeben, war das erste Hotel am Semmering und leitete in der zuvor bäuerlichen Region die Blütezeit des Tourismus ein. Die Inbetriebnahme des ebenbürtigen Mitbewerbers, des Panhans, erfolgte erst sechs Jahre später. Die Nobelherberge hatte anfangs 44 Zimmer, Besitzer war der legendäre Vinzenz Panhans (1841–1905). Er war zuvor Pächter und Koch der Gastronomie im Südbahnhotel gewesen.

Der Ort, der bis 1919 zur Gemeinde Breitenstein gehörte, war durch die Semmeringbahn leicht erreichbar geworden. Die wunderschöne Landschaft, gesunde Luft und nun auch die prunkvollen Hotels zogen Adel, Geldadel, Künstler und Prominente, etwa Sigmund Freud und Alma Mahler, an. Bald schon reichten die vorhandenen Zimmer für das Südbahnhotel nicht mehr aus, es wurde weiter an- und ausgebaut. 1889 errichtete man die »Dependancen Waldhof« für die etwas weniger wohlhabende Klientel. Ein weiterer Zubau, das Palasthotel, auch »Zweites Südbahnhotel« genannt, ergänzte das

Das Palasthotel wird auch »Zweites Südbahnhotel« genannt.

Ensemble ab 1903. Mit seinen nun grün gedeckten Zwiebeltürmen ist der Historismus-Bau seitdem der Blickfang des Hotels.

Im Laufe der Jahrzehnte expandierte man konstant, eine komplette Infrastruktur wuchs heran. Ab 1908 gab es ein Post- und Telegrafenamt, die Pferdestallungen wichen einer Autogarage. In seiner höchsten Ausbaustufe verfügte das Hotel über 350 Gästezimmer. Im Sommer entwickelte sich das Semmeringgebiet, das ob seiner Magie von Literaten gerne als »Zauberberg« bezeichnet wird, zu einem beliebten Erholungs- und Kurort, in der kalten Zeit war es ein Eldorado für Wintersportler. Es gab Skiwiesen und Eislaufplätze, eine Bob- und eine Naturrodelbahn, Skeletonbahnen und sogar eine Skisprungschanze. 1932 wurde ein Hallenbad eröffnet: Im Sommer wurden die Doppeltüren geöffnet und die Gäste genossen die frische Bergluft.

In der Herrentoilette im Erdgeschoss zeigt uns Hahnl ein ungewöhnlich niedriges Marmorbecken mit zwei Haltegriffen, das wie ein

Für die feinen Herren stand in der Toilette ein luxuriöses »Kotzbecken«
aus Marmor.

Fremdkörper zwischen den ebenfalls edel gestalteten Pissoiren steht.
»Wissen Sie, welche Funktion das hatte?«, fragt er und gibt sogleich
einen Hinweis. »Der Volksmund nannte es Papst, weil man davor
niederkniete.« Nach einem kurzen Blick in ratlose Gesichter verrät
er: »Das war ein luxuriöses Kotzbecken für die feinen Herrschaften.«

Dornröschenschlaf nach dem Niedergang

Der Zweite Weltkrieg änderte alles. Die Nazis vertrieben die Juden
und okkupierten ihre Villen. Das Südbahnhotel selbst diente als
Lazarett. In der Besatzungszeit zog die Rote Armee ein und nutzte es
als Hauptquartier. »Hier waren nur hochrangige Offiziere untergebracht«, erzählt Hahnl. »Die haben weder etwas zerstört noch gestohlen. Daher ist noch sehr viel von der Originalausstattung vorhanden.«

Wir befinden uns im Herz des Hotels, dem prächtigen ehemaligen »Großen Speisesaal« im Erdgeschoss. Drei riesige Lüster hän-

Der Nachlass der Sommerfrischler

gen von der reich verzierten Decke, Spiegel zieren die Wände, auf der stirnseitigen Bühne spielte einst ein Streichquartett für die tafelnden Gäste. »Die Stühle hier sind rund hundert Jahre alt«, erklärt der Hausbetreuer. »Das Bundesdenkmalamt hat auch die Einrichtung unter Denkmalschutz gestellt.« Nebenan liegt der grüne Salon, in dem bei geringer Auslastung gespeist wurde, dahinter ist das noch kleinere Fürstenzimmer, das als privater Rückzugsort für besondere Gesellschaften genutzt wurde. Über eine Treppe gelangen wir in den Waldhofsaal. Dort speisten die weniger betuchten Gäste der Dependancen Waldhof. Im Gegensatz zu den modernen Luxushotels wurde die Ausstattung damals immer nobler, je näher man dem Erdgeschoss kam.

Nach dem Zweiten Weltkrieg hat man den Hotelbetrieb zwar wieder aufgenommen, der alte Glanz war jedoch verblasst. Ab Ende der 1960er-Jahre wurden immer mehr Teile des Betriebs stillgelegt oder verkauft, 1976 nächtigte im Hotel der letzte Gast.

Der *Kultur.Sommer.Semmering* nutzt seit 2017 Teilbereiche des Südbahnhotels als Spielstätte, die nicht bespielten Räume sind für die Öffentlichkeit derzeit nicht zugänglich. Im Waldhofsaal finden heute Lesungen statt. »Meistens treten hier Publikumsmagneten auf«, sagt Hahnl. Wer einen Aufpreis zahlt, kann im Anschluss an die Lesung die dekadente Atmosphäre von einst nachempfinden. Im Originalambiente des Großen Speisesaales wird das sogenannte *Menu à la Belle Époque* serviert. In diesem Package ist zudem ein Sektempfang auf der Panoramaterrasse und ein musikalisches Programm »anno dazumal« inkludiert.

Die charmant-morbiden Räumlichkeiten werden zudem für ausgesuchte Hochzeiten, Fotoshootings oder Dreharbeiten angemietet. So wurde etwa die Gucci-Werbekampagne für die Herbst- und Winterkollektion 18/19 im Südbahnhotel fotografiert und gedreht, Musiker wie Ina Regen oder Julian le Play produzierten hier Videos.

Mit viel Patina zeugt das einst so stolze Haus noch immer von glanzvollen Tagen einer vergangenen Epoche. Im Südbahnhotel änderten sich im Laufe der Jahrzehnte immer wieder die Eigentumsverhältnisse. Zum Zeitpunkt unserer Recherchen stand das Hotel abermals zum Verkauf. Nach der Revitalisierung soll das Semmeringer Juwel auch künftig wieder seine Pforten für Hotelgäste öffnen.

Info

Südbahnhotel
Südbahnstrasse 27, 2680 Semmering
• www.suedbahnhotel-semmering.at
• www.kultursommer-semmering.at

24 Fischauer Thermalbad, Bad Fischau-Brunn

Patina in Gelb-Grün

Eine konstante Wassertemperatur von 19 Grad sorgte schon während der Kaiserzeit nahe der Warmen Fischa für Sommerfrische im wahrsten Sinne des Wortes.

Die markanten gelb-grünen Holzkabinen, deren Erscheinungsbild seit der Kaiserzeit beibehalten wurde, sind das optische Markenzeichen des Thermalbades, hinter den nostalgischen Kabäuschen erstrecken sich große Liegewiesen mit altem Baumbestand. Dass die beiden Bassins immer noch »Damenbecken« und »Herrenbecken« genannt werden, ist ebenfalls ein Überbleibsel aus der Monarchie. Damals durften Frauen und Männer noch nicht gemeinsam baden und waren durch eine Bretterwand getrennt.

Was sich ebenfalls bis heute nicht verändert hat: Die Becken sind mit klarem Quellwasser ohne chemische Zusätze gefüllt, das mit seiner konstanten Temperatur von 19 Grad im Sommer erfrischt und den Kreislauf belebt. Im Herrenbecken, das auch während der Wintersaison befüllt ist, kühlen sich die Saunisten gerne nach ihrer Schwitzkur ab. »Wir schwimmen hier im Trinkwasser«, resümiert der technische Leiter des Bades, Peter Pasaurek. »Durch den ständigen Zu- und Abfluss ist die Wasserqualität immer ausgezeichnet, der Beckeninhalt dreht sich viermal pro Tag. Die Bassins werden von artesischen Quellen gespeist. Das bedeutet, das Wasser strömt frei, wir müssen nicht pumpen.«

Die belebende Wirkung des mineralhaltigen Thermalwassers war schon den Römern bekannt, urkundlich wurde der Badebetrieb erstmals 1363 erwähnt, auch einen Badeknecht gab es laut Überlieferungen damals. Ing. Franz Plietzsch errichtete schließlich 1872 eine Badeanstalt, die 1898 von Erzherzog Rainer übernommen wurde. Letzterer veranlasste den Bau der hölzernen Kabinenpavillons sowie der Stege, also des heutigen Bestands, er ließ die Grünflächen neugestalten und Wannen- und Medizinalbäder errichten. Als das Bad 1900

Der Nachlass der Sommerfrischler

Das »Herrenbecken« ist das ganze Jahr hindurch geöffnet.

neu eröffnet wurde, galt es als eines der schönsten der Monarchie und Fischau etablierte sich bald als beliebter Kurort. Erst 1992 verkauften die Habsburger die Anlage an die Gemeinde. Seitdem steht sie unter Denkmalschutz und es wird sehr darauf geachtet, dass das nostalgische Flair erhalten bleibt. Selbst die Mülltonnen wurden mit viel Liebe zum Detail gelb-grün gestrichen.

Die Gäste lieben die Kombination aus Patina und Naturbad, die rund 300 Saisonkabinen sind heiß begehrt. Bei Besuchern besonders populär ist auch die efeubewachsene kleine Grotte mit Sturzbad. »Der Strahl ist ziemlich wuchtig«, sagt Pasaurek. »Der Wasserfall schwemmt den Leuten regelmäßig die Badeschlapfen weg.«

Im angeschlossenen Restaurant wurde der Speisesaal mit Schwarz-Weiß-Fotografien vom Thermalbad aus der ersten Hälfte des 20. Jahrhunderts dekoriert. »Ein privater Sammler hat uns seine Fotos und Ansichtskarten überlassen«, erklärt Pasaurek. In der Pfarr- und Gemeindechronik stehe über die Geschichte des Thermalbades nur sehr wenig. »Wir haben nur Bepflanzungspläne gefunden, somit wissen wir genau, wie alt unser Baumbestand ist.«

Events im Thermalbad

Neben Badespaß und Wellness werden sporadisch auch verschiedene Kulturveranstaltungen angeboten, etwa eine Feuer-Wasser-Show, das Neujahrstreffen mit Übertragung des Neujahrskonzertes oder das Neujahrsschwimmen im Thermalbad. Kultig ist mittlerweile der Blue Monday, der seit mehr als zehn Jahren jeweils im Hochsommer stattfindet. An sechs verschiedenen Montagen wird erstklassiges Musik- oder Kabarettprogramm geboten.

Info
Fischauer Thermalbad
Hauptstraße 10, 2721 Bad Fischau-Brunn
• www.fischauer-thermalbad.at

Wo der Kaiser Fährmann spielte

Die Habsburger nutzten das botanische und architektonische Gesamtkunstwerk vor den Toren Wiens gerne als Sommerresidenz.

Bereits im 14. Jahrhundert genossen die Habsburger Laxenburg als Jagdgebiet und ließen die prächtige Anlage vor den Toren Wiens ständig erweitern. Bis Mitte des 19. Jahrhunderts wurden in ihrem Auftrag prächtige Grotten, Tempel, Kanäle, Brücken, Statuen, Lustbauten und ein Turnierplatz errichtet. Maria Theresia und ihr Gemahl Stephan von Lothringen ließen sich den Blauen Hof, ein repräsentatives Barockschloss im heutigen Ortszentrum, großzügig ausbauen. Unter ihrem Enkel Franz II./I. wurde das Areal zu einem bedeutenden englischen Landschaftsgarten umgestaltet. Kaiserin Elisabeth und Kaiser Franz Joseph I. verbrachten in Laxenburg ihre Flitterwochen. Zwei ihrer Kinder, Gisela und Rudolf, kamen hier zur Welt.

Heute erstreckt sich das Areal mit einer Größe von 280 Hektar als größte heimische Parkanlage und ist ein beliebtes Naherholungsgebiet. Wie schon zu Kaisers Zeiten ist der 25 Hektar große Schlossteich mit seinen sieben aufgeschütteten Inseln, der gotischen Brücke und einer künstlich errichteten Grotte ein Magnet für die Besucher. Nur die schmucken Gondeln von damals mussten den Tret- und Elektrobooten des ansässigen Bootsverleihs weichen. Das Schifferlfahren auf dem romantischen Teich macht aber noch immer so viel Spaß wie vor 200 Jahren.

Mitten auf einer der Inseln steht die Franzensburg wie ein aufgeputztes Schlösschen und verbirgt mit all ihren Türmen, Pechnasen und Mauerzinnen, dass sie den Habsburgern nur als Gartenhaus und kleine Schatzkammer diente. Sie wurde Ende des 18. Jahrhunderts errichtet und ist lediglich der Nachbau eines mittelalterlichen Ritterschlosses. Namensgeber ist Franz II. (1768–1835), letzter Kaiser des Heiligen Römischen Reiches, und als Franz I. erster Kaiser von Österreich.

Seit 1811 ist der prächtige Bau mit einer Seilfähre erreichbar, auch Kaiser Franz höchstpersönlich soll sich hier manchmal als

Eine Bootsfahrt auf dem Schlossteich mit seinen sieben Inseln und der Franzensburg macht noch immer so viel Spaß wie vor 200 Jahren.

Wo der Kaiser Fährmann spielte

Die gotische Brücke ist die größte und imposanteste im Schlosspark.

Der Nachlass der Sommerfrischler

Fährmann betätigt haben. Auf einem Gemälde aus dem Jahr 1837 übersetzt Franz einen einfachen Bauern auf dem Laxenburger Teich von einem Ufer zum anderen. Auch seiner Leidenschaft als Gärtner ging er in Laxenburg im Schweiße seines Angesichts nach, was ihm bei der Bevölkerung den Spitznamen »Blumenkaiser« einbrachte. Zudem ließ er sich hier eine Tischlerwerkstätte einrichten, um sich handwerklich zu betätigen.

Eine Fähre ist auch heute noch in Betrieb – für einen kleinen Obolus können sich die Besucher vom Festland zur Franzensburg befördern lassen. Der Herrscherfamilie diente sie nie als permanenter Wohnsitz, sondern lediglich zur Zerstreuung und als Aufbewahrungsort für eine Ansammlung von Kostbarkeiten, die jahrhundertelang aus Schlössern, Burgen, Kirchen, Stiften und Klöstern zusammengetragen wurden. Vor allem Kaiser Franz bewies hier auch Sinn für Humor. So ließ er einen Tempelritter aus Holz in einem Fake-Verlies in Ketten legen und eine Pseudo-Gerichtsstube nachbauen, um seine Gäste zum Schaudern zu bringen. Die Rittergemächer waren nicht zum Übernachten gedacht, auch die Warnglocke am höchsten Turm der Franzensburg kam nie im Ernstfall zum Einsatz.

Das kurioseste Gebäude des Parks, von dem bedauerlicherweise nur noch ein paar Mauerreste erhalten sind, ist ebenfalls im Auftrag von Kaiser Franz entstanden. Das »Haus der Laune« hatte ein mit Honigkuchen gedecktes Dach, Zuckerhüte zierten den Garten, im Musikzimmer bestanden die Möbel aus Blasinstrumenten, lebensgroße mechanische Wachspuppen bewohnten das sonderbare Gebäude. Es gab eine Hexenküche, in der Teufel auf dem Herd saßen. Ein Haus ganz nach dem Geschmack des Kaisers. Doch er sollte sich nicht lange daran erfreuen, denn kurz nach seiner Fertigstellung Ende des 18. Jahrhunderts wurde es von französischen Soldaten zerstört, und der Nachwelt blieben nur Überlieferungen und die Fantasie.

Wahrscheinlich liebte niemand Laxenburg so sehr wie Kaiser Franz. Selbst in einer Zeit, als er wegen seines Konflikts mit Napoleon in ärgster Bedrängnis war, galt seine Sorge dem Lustschloss. »Die Laxenburg werden's mir doch lassen?«, soll er beunruhigt gefragt haben.

Info
Schloss Laxenburg
Schlossplatz 1, 2361 Laxenburg
• www.schloss-laxenburg.at

Ritt auf der Wüste Gobi
In vergangenen Zeiten waren Pferderennen gesellschaftliche Großevents und entsprechend populär, heute müssen die Veranstalter auch andere Anreize bieten.

»Noch drei Minuten bis zum Start«, tönt es aus den Lautsprechern. Die letzten Zuschauer laufen zu den Kassen, um Wetten für das Rennen zu platzieren. Erschallt aus dem Richterturm der Ruf »Teilnehmer ab!«, sind die meisten Sitzplätze binnen Sekunden leergefegt. Adrenalin liegt in der Luft, als die Sulkys von den Pferden im Kreis um die Wette gezogen werden. Das Publikum reckt an der Absperrung zur Rennbahn die Hälse und feuert seine Favoriten an. Die Mischung aus eleganten Tieren, Wettkampf und ein bisschen Zocken übt eine unergründliche Faszination aus.

Auch wer null Ahnung von Pferdesport hat, kann ein paar Tipps wagen. Die nötigsten Informationen über die kommenden Rennen erfährt man im aktuellen Trabrennmagazin, das im Kiosk neben dem Eingang erhältlich ist. Wetten sind außerdem ab einem Euro möglich, bei solch niedrigen Einsätzen ist es nicht weiter tragisch, wenn man so wie wir, aufs falsche Pferd setzt.

»Genau das macht den Reiz unserer Veranstaltungen aus«, konstatiert Horst Neumann, der Generalsekretär des Trabrennvereins. »Wenn jemand einen Euro wettet und 1,40 Euro gewinnt, macht ihn das nicht schuldenfrei, aber während dem Rennen erlebt er einen kleinen Kick.« Obwohl es schon lange möglich ist, auch online Wetten abzuschließen, sind die Gastronomiebetriebe und Ränge gut mit Besuchern gefüllt. »Das ist uns als Veranstalter auch wichtig«, betont Neumann. »Wir wollen die besondere Atmosphäre und das Flair aufrechthalten. Die Fahrer sollen nicht in einem Geisterstadion ihre Runden drehen, sondern von Zuschauern angefeuert werden und Applaus erhalten«, erklärt er.

Die Trabrennbahn in Baden ist eine von lediglich drei sogenannten A-Bahnen in Österreich, das bedeutet, sie muss eine Mindestlänge von 1.000 Meter aufweisen. Rund ein Dutzend Renntage

Rund ein Dutzend Renntage werden pro Jahr in Baden abgehalten.

Ritt auf der Wüste Gobi

werden pro Jahr in Baden abgehalten. Das schnellste heimische Trabrennen aller Zeiten fand im Sommer 2016 ebenfalls in Baden statt. Die Stute Romi MMS und Fahrer Mitja Slavic gingen mit einer Rekordzeit von 1:11,4 Minuten über die Ziellinie.

Große Hüte und Kamele

Gebaut wurde die Trabrennbahn Ende des 19. Jahrhunderts, als Pferderennen noch ein gesellschaftliches Großereignis darstellten, heute stehen weite Teile der Anlage unter Denkmalschutz. Am 16. Juli 1893 gingen auf der Trabrennbahn Baden erstmals Pferde an den Start, die Veranstaltung wurde sofort ein voller Erfolg. Eine wahre Völkerwanderung nach Baden setzte ein. Man zählte 15.000 Besucher, die Tribünen platzten aus allen Nähten. Auch die darauffolgenden Renntage waren ein Kassenschlager, schon bald musste die Infrastruktur erweitert werden.

Gastronomiebetriebe und Ränge sind gut mit Besuchern gefüllt.

Seitdem hat sich vieles geändert, das moderne Publikum sei extrem anspruchsvoll, so Neumann. »Pferderennen alleine reichen nicht mehr, um viele Besucher anzulocken.«

Eine spezielle Zugkraft hat etwa Bascot, ein Wortspiel mit Ascot, einer der ältesten Rennbahnen Großbritanniens. Das nostalgisch angehauchte Event findet stets im August statt. Die weiblichen Besucher kostümieren sich mit großen Hüten, Fächern, Schleifen und Federn, das beste Outfit wird von einer Jury prämiert. Um möglichst viele Damen mit Hut anzulocken, zahlen Frauen mit ausladender Kopfbedeckung an diesem Tag keinen Eintritt. Die Veranstaltung ist seit ihrer Premiere vor mehr als einem Vierteljahrhundert beim Publikum nach wie vor sehr beliebt.

Der Verein lässt sich auch abseits von Bascot immer wieder neue Attraktionen einfallen, wie etwa die »Nacht des Pferdes«, ein Trabrennen, das seit 2000 jährlich an einem Tag im Juli mit anschlie-

Der Nachlass der Sommerfrischler

ßendem Feuerwerk spektakulär in Szene gesetzt wird. »Einmal engagierten wir für dieses Event Damen in barocken Kostümen, die mit Pferden Kunststücke vollführten, ein anderes Mal ist der Radrennprofi Bernhard Kohl über 1.000 m gegen ein Pferd angetreten«, erzählt Neumann. Das Rennen konnte das Pferd für sich entscheiden.

Turbulent wurde es, als 2004 bei der »Nacht des Pferdes« sechs Kamele gegeneinander antraten. Am Vortag absolvierten die Tiere noch einen Probelauf, der Neumann allerdings seltsam vorkam. »Wieso rennt da eins vorne und die anderen versuchen nicht, es zu überholen?«, fragte er die Besitzerin der Wüstenschiffe. Die trockene Antwort: »Das ist das Leittier, die werden das nicht überholen.« Für den Spannungsaufbau bei einem Wettkampf sei dieser Umstand eine denkbar schlechte Voraussetzung, wie Neumann zu Recht anmerkte.

Am nächsten Tag beim eigentlichen Rennen war schon beim Start Wüstensand im Getriebe »Die Tiere setzten sich nur sehr langsam in Bewegung«, erinnert sich Neumann. Der Bummelzug der Wüstenschiffe sorgte zunächst für Unruhe auf den Zuschauerrängen, doch den erfahrenen Reitern gelang es am Ende doch noch, die Kamele anzutreiben. Cornelia Übleis, Tochter des mehrfachen Weltmeisters Adi Übleis, ging schließlich auf »Wüste Gobi« als erste durchs Ziel. Die Besitzerin von »Wüste Gobi« war hocherfreut, hatte das Tier doch seine eigene Bestzeit überboten. Das Leittier landete übrigens weit abgeschlagen auf einem hinteren Platz. So manch »gut informierter« Zocker hatte sich mit einem Tipp auf den Kamelchef schon als sicherer Gewinner gewähnt, da Neumann am Vortag ein paar Leuten vom mangelnden Sportsgeist der Tiere erzählt hatte. »Auf manchen Rängen konnte ich mich danach eine gewisse Zeit nicht mehr blicken lassen«, sagt Neumann lachend.

Info
Trabrennverein Baden
Wiener Straße 84, 2500 Baden
• www.trabenbn.co.at

Das Erbe der Vergangenheit

NIEDERÖSTERREICH
(MOSTVIERTEL)

WIEN

Donau

•33
• Mödling
•32

•29
•30

•34
•36 •37
•Baden
•33

•35

Wiener Neustadt

△ Schneeberg (2.076 m)

BURGENLAND

• Neunkirchen

•31
•Gloggnitz

•27

• Semmering

STEIERMARK

• 28

Bruck an der Leitha

Wussten Sie, dass ... ?

... Ludwig van Beethoven in Wiener Neustadt als Landstreicher verhaftet wurde?

... Kronprinz Rudolf die Nacht vor seinem Selbstmord mit einer Prostituierten verbrachte?

... die Mönche von Heiligenkreuz einen Welthit landeten und damit nach Falco und DJ Ötzi am internationalen Pop-Markt die erfolgreichsten österreichischen Interpreten waren?

... der spätere Mödlinger Bürgermeister Josef Schöffel im 19. Jahrhundert fast im Alleingang die Abholzung großer Teile des Wienerwaldes verhinderte?

27 Keltisches Freilichtmuseum, Schwarzenbach

Feiern wie die alten Kelten

Am Burgberg in der Gemeinde Schwarzenbach befand sich einst eine keltische Metropole. Die Erkenntnisse der Archäologen werden modern aufbereitet präsentiert, beim alljährlichen kultigen Festival wird das Leben der Kelten spielerisch nachempfunden.

Zwölf mit Schildern und Speeren bewaffnete Krieger ziehen Samstagnachmittag, begleitet von Trommelwirbel und Schlachtrufen, ins »Keltendorf« ein. Die beiden gegnerischen Stämme tragen rot-schwarze (Boier) bzw. weiß-blaue (Noriker) Kriegsbemalung und werden vom listigen Bernd und dem schlauen Adi angeführt. Die alljährlich ausgetragenen Highlandgames, brutale Kämpfe zwischen den beiden Mannschaften, stehen den Männern bevor. So brutal, wie Baumstammweitwerfen und Krautkopf-Basketball eben sein kann.

Ein paar Tage zuvor saßen wir mit dem listigen Bernd alias Bürgermeister Bernd Rehberger noch in seinem Büro im Gemeindeamt und tranken friedlich Kaffee. »Seit zehn Jahren veranstalten wir diese Spiele, und mein Team hat bisher jedes Mal verloren.« Während er das sagt, macht er einen sehr zufriedenen Eindruck. »Es ist jedes Mal eine Riesengaudi«, ergänzt er. Der 35-Jährige hat vor wenigen Monaten das Amt des Ortschefs übernommen, und darf jetzt bei den Wettkämpfen einen der beiden Stammeshäuptlinge mimen. Beim schlauen Adi handelt es sich im wahren Leben um Vizebürgermeister Adrian Bernhart.

Was die 1000-Seelen-Gemeinde einmal im Jahr im Juni zur Sommersonnenwende mit einem Heer von Freiwilligen auf die Beine stellt, ist beachtlich. Seit 1998 veranstaltet Schwarzenbach ein Keltenfest auf dem Vorplatz des Freilichtmuseums. Was mit 500 Feiernden begann, hat sich mittlerweile zu einem dreitägigen Event mit bis zu 10.000 Besuchern jährlich entwickelt. Während des Festivals dreht sich alles um gelebte Geschichte, von Musik bis Kulinarik und

Wettkampf der gegnerischen Stämme während der Highlandgames.

Handwerk. Frauen mit Blumenkränzen im Haar tanzen zu keltischer Musik vor der großen Festbühne, Erwachsene und Kinder üben sich im Bogenschießen und Axtwerfen, Wildschwein wird über Feuer gebraten und extra für das Fest gebrautes Keltenbier in Tonkrügen ausgeschenkt. Alle Mitarbeiter tragen historische Gewänder.

Auf dem Gelände begegnet man unweigerlich dem Keltenfürst auf Lebenszeit (Altbürgermeister Johann Giefing) mit seiner Entourage und dem alten Druiden, der stets auf der Suche nach besonderen Heilkräutern über den Keltenberg wandert. Jeweils am Samstag- und Sonntagnachmittag keilen sich keltische Krieger zwei Stunden lang in zahlreichen Sport- und Geschicklichkeitsbewerben bei den bereits erwähnten Highlandgames um einen Holzpokal. In den Hütten wird altes Handwerk wie Besenbinden, Spinnen und Weben vorgeführt. Da werden Keltenzöpfe geflochten, dort Schafe geschert. Sogar eine eigene Währung haben die Schwarzenbacher für ihr Keltenfest ins

Leben gerufen. Bezahlt wird mit Kelten (1 Kelte = 1,10 Euro), die in einer Wechselstube umgetauscht werden können.

Etwas abseits weiter oben im Freilichtmuseum üben sich Reenactment-Darsteller in Töpfern und Brotbacken, zudem werden archäologische Workshops abgehalten.

Samstag nach Einbruch der Dämmerung eröffnet eine Feuershow das Hauptspektakel des Festivals. Hunderte Fackelträger ziehen rund um das Festgelände Richtung Scheiterhaufen und entzünden das riesige Sonnwendfeuer, um wie die Kelten Mittsommer zu feiern.

Und die Highlandgames? Zwischenzeitlich stand es unentschieden, am Ende hat die Mannschaft des Bürgermeisters aber wieder verloren. So wie jedes Jahr.

Von Kriegern, Handwerkern und Händlern

Mit den Methoden der modernen Archäologie sind die Forscher mittlerweile in der Lage, Fundstücke immer besser zu interpretieren und Puzzleteil für Puzzleteil ein neues Bild zu gewinnen. Die keltischen Stämme und Verbände, die einst große Teile Europas besiedelten, beherrschten nicht nur die Kriegskunst, sie waren auch kluge Händler, geschickte Handwerker und talentierte Künstler. Jedes Relikt, das aus historischem Boden gegraben wird ergänzt das Wissen über das kulturell hochentwickelte Volk.

In der prähistorischen Befestigungsanlage am Burgberg in Schwarzenbach wird seit knapp drei Jahrzehnten gegraben, untersucht und rekonstruiert. »In der Zeit zwischen 250 bis 15 v. Chr. war die keltische Höhensiedlung in Schwarzenbach so etwas wie eine bedeutende lokale Metropole«, erklärt der Archäologe Wolfgang Lobisser. »Es war ein Industriegebiet, die Kelten haben hier Eisen gewonnen und auch verarbeitet.« Das Metall war von enorm hoher Qualität, aber für dessen Herstellung benötigte man Unmengen an Holzkohle. Tausende Hektar Wald wurden gerodet, zurück blieb ein, auch durch den Eisenerzabbau, kahles, verwüstetes Land. »Damals hat es hier ungefähr so ausgesehen wie das trostlose Mordor in *Herr der Ringe*.« Rund 3.000 Menschen sollen hier in bis zu 300 Häusern gelebt haben. In der befestigten Siedlung, die sich auf etwa 15 Hektar erstreckte, waren die keltischen Adeligen, Handwerker, Händler und Bauern von einem zehn Meter hohen Wall geschützt. Spuren der Stadtmauer, die aus Holz und Stein gebaut war, sind heute noch auf dem Areal zu erkennen.

Lobisser war von Beginn an bei den Ausgrabungen in Schwarzenbach dabei, anfangs noch als Student. 1991 hatte der damalige Bürgermeister Johann Giefing auf einem Hügel seiner Gemeinde eine Ringwallanlage entdeckt. Die Archäologen der Universität Wien beschrieben sie als eine der größten keltischen Wallanlagen auf heimischen Boden, das Forschungsprojekt dauert bis heute an.

»Wir wissen, dass hier Feinhandwerk betrieben worden ist, zum Beispiel Goldschmiederei, Glasproduktion oder Beinschnitzerei. Vor allem verarbeiteten die Kelten aber Holz und Eisen«, sagt Lobisser. Die mächtigen Fürsten dieser Siedlung hatten das seltene Privileg, eigene Münzen zu prägen, ein Zeichen dafür, dass hier größere Geschäfte getätigt wurden. Um die wissenschaftlichen Erkenntnisse der Öffentlichkeit präsentieren zu können, wurde Ende der 1990er-Jahre ein Museumsturm samt Aussichtsplattform am höchsten Punkt der Anlage errichtet. Seit 2002 werden auch Teile der Keltensiedlung mit Methoden der experimentellen Archäologie rekonstruiert, drei Jahre später folgte die Eröffnung eines Freilichtmuseums.

Es besteht derzeit aus acht Wirtschafts- und Wohnhäusern, einem Teil der Befestigungsanlage und einer Vielzahl an Objekten rund um die Themen Handwerk, Kriegsführung und Haushalt. Die Inneneinrichtungen sind der (wahrscheinlichen) keltischen Realität nachempfunden, von der Vorratskammer bis zum Wandteppich. Eines der Wohnhäuser kann zudem gemietet werden, »keltische« Schlafplätze auf Stroh für bis zu 25 Personen stehen zur Verfügung.

In dem jüngsten Gebäude auf dem Areal wurde ein Schauraum mit Originalfunden und einer multimedialen Präsentation, kombiniert mit einem 3-D-Modell, eingerichtet, um den Alltag in der späten Eisenzeit für Besucher anschaulich zu vermitteln. Bisher wurden etwa vier Prozent der Siedlung ausgegraben. »Das ist für archäologische Verhältnisse unglaublich viel«, betont der Wissenschaftler.

Info

Keltisches Freilichtmuseum Schwarzenbach
Markt 4, 2803 Schwarzenbach
• www.schwarzenbach.gv.at/Archaeologisches_Freilicht-museum

Tor ins Altertum

Die antike Stadt war einst eine weitläufige Metropole mit mehr als 50.000 Einwohnern. Einige Gebäude der Zivilstadt wurden auf ihren Originalstandorten voll funktionstüchtig und so authentisch wie möglich rekonstruiert.

Rund um das Jahr 300 n. Chr. wandelte Lucius Maticeius Clemens auf dem geheizten Fußboden seines schmucken Hauses in Carnuntum und betete zu Göttern, damit sie ihn und seine Lieben vor größerem Unheil bewahren. Lucius war ein wohlhabender Bürger, möglicherweise hat er mit Stoffen gehandelt, Sklaven führten den Haushalt. Viel mehr weiß die Nachwelt nicht über den Mann, in dessen Heim wir uns gerade befinden.

Über die ehemaligen Besitzer der wiederaufgebauten Villa Urbana ist noch weniger bekannt als über Lucius. Forscher sind sich jedoch sicher, dass sie der Oberschicht angehörten. Das Palais zählte mit seinen ca. 1.000 m² zu einem der luxuriösesten Häuser der Stadt. Einige Räume konnte beheizt werden, es gab eine eigene Wasserleitung, die Wände waren verziert mit aufwendigen Wandmalereien.

In mühsamer Kleinstarbeit haben Wissenschaftler Reste des »Hauses des Lucius« und der Villa Urbana freigelegt und mithilfe von experimenteller Archäologie an ihren Originalstandorten wieder aufgebaut. Die Räume bestückten sie mit Interieur, das jener Zeit nachempfunden ist.

Neben dem Bürgerhaus und der Villa rekonstruierte das Team auch eine öffentliche Thermenanlage samt einer ganzjährig beheizten Fußbodenheizung. Sie ist die bisher weltweit einzige römische Therme, die an ihrem Fundort in antiker Bauweise und voll funktionsfähig nachgebaut wurde. »Wir achten sehr auf Details des Alltags«, sagt die Kulturvermittlerin und zeigt zur Bestätigung verschiedenste replizierte Badeutensilien der Römer, etwa Badeschlapfen, Ölfläschchen und Schabeisen (Strigilis) zur Reinigung des Körpers vor dem

Das römische Stadtviertel wurde und wird mit größtenteils antiken
Techniken rekonstruiert.

Bad. »Die hygienischen Zustände waren durch die ausgeprägte Bade-
kultur selbst in den niederen Schichten relativ gut. Der Eintritt in die
Thermen war für jeden, auch für Sklaven, entweder gratis oder kostete
weniger als ein Hühnerei.«

Die wieder aufgebauten Gebäude im römischen Stadtviertel
von Carnuntum wurden und werden zum Großteil mit Mitteln und
Techniken errichtet, die man bereits in der Antike anwendete. Die
Handwerker benutzen ähnliches Werkzeug wie im Altertum und führen Arbeiten manuell durch, die mit modernen Geräten viel schneller
von der Hand gehen würden. So mischten die Römer Mörtel mit Vul-
kanasche, damit er wasserdicht und feuerfest wurde. Dieses Wissen
verdanken wir dem Architekten Vitruv, der um Christi Geburt zu den
führenden Bauingenieuren zählte. Er hinterließ ein zehnbändiges
Lexikon, in dem er seine Kenntnisse über Vermessungstechniken,
Baumaterialien und Werkzeuge festhielt. Die Römer waren anderen

Beim Römerfestival kämpfen Gladiatoren zum Gaudium des Publikums.

Völkern ihrer Zeit weit voraus. Die ehemalige Metropole wächst wieder. Wenn auch nur als Museum und Forschungsstätte für die Nachfahren der Barbaren.

Gründung und Niedergang

Als der spätere Kaiser Tiberius im Jahr 6 n. Chr. nahe der Donau ein befestigtes Winterlager errichten ließ, ahnte er wohl nicht, dass er damit den Grundstein für eine Metropole legte, die eineinhalb Jahrhunderte später im Brennpunkt der damaligen Weltpolitik stehen sollte. Drei Jahre lang, von 172–175 n. Chr., befehligte der römische Kaiser Marc Aurel (121–180 n. Chr.) von Carnuntum aus Truppen gegen die Germanen und beendete hier in seinen Mußestunden die philosophischen »Selbstbetrachtungen«, ein Stück Weltliteratur.

Ende des 2. Jahrhunderts erstreckte sich die Stadt bereits über 10 km² entlang der Donau auf dem Gebiet der heutigen Gemeinden

Das Erbe der Vergangenheit

Petronell-Carnuntum und Bad Deutsch-Altenburg und war die *bedeutendste* römische Siedlung auf heutigem österreichischen Boden. Als 193 n. Chr. Lucius Septimius Severus, der Statthalter von Carnuntum, zum Kaiser ausgerufen wurde, erhob er sie zur Provinzhauptstadt von Oberpannonien. Zu diesem Zeitpunkt zählte sie mehr als 50.000 Einwohner. Um das Jahr 350 n. Chr. forderte ein starkes Erdbeben viele Todesopfer und läutete den Niedergang von Carnuntum ein. In Folge litt die Stadt unter der beginnenden Völkerwanderung, Teile der Truppen zogen nach und nach ab, die Zivilisten folgten. 433 n. Chr. wurde die Provinz an das zentralasiatische Nomadenvolk der Hunnen verschenkt, Carnuntum gehörte ab nun nicht mehr zum Römischen Imperium.

Seit der zweiten Hälfte des 19. Jahrhunderts werden in der größten Ausgrabungsstätte Mitteleuropas wissenschaftliche Forschungen durchgeführt. Archäologen legten bis heute wichtige Teile der Stadt frei – zu sehen sind rund 5 Prozent –, der Rest schlummert noch immer unter der Erde. Das meiste wird auch dortbleiben, denn was freigelegt bzw. rekonstruiert wird, muss auch erhalten werden, und das ist teuer. Trotzdem befindet sich außer dem römischen Stadtviertel noch so einiges an der Erdoberfläche, das ebenso besichtigt werden kann: zwei Amphitheater, das Heidentor, das als Wahrzeichen Carnuntums gilt, und die hölzerne Trainingsarena der erst 2011 entdeckten Gladiatorenschule, die als Sensationsfund gilt. Im Museum Carnuntinum, dem größten heimischen Römermuseum, werden in wechselnden Ausstellungen ausgewählte Stücke der über zwei Millionen gefundenen Exponate aus Carnuntum gezeigt.

Info
Römerstadt Carnuntum
Hauptstraße 1 A, 2404 Petronell-Carnuntum
• www.carnuntum.at

Tipp
Leben in der antiken Stadt
Beim Römerfestival wird Carnuntum von mehr als 300 Reenactors und Darstellern aus verschiedenen Ländern bevölkert. An zwei Wochenenden im Juni kämpfen Gladiatoren im Amphitheater, Legionäre und Barbaren marschieren durch die Straßen, feine Damen präsentieren ihre schönsten Kleider bei einer Modeschau. Wie und womit die Römer kämpften, malten, heilten, kochten und handwerkten, wird möglichst authentisch gezeigt, nachgespielt oder an Ständen feilgeboten.

Die Boygroup Gottes

Vor einem Jahrzehnt veröffentlichten die singenden Mönche aus dem Wienerwald ihre CD »Chant – Music for Paradise«, die sich Millionen Mal verkaufte. Den Gregorianischen Choral, der sie weltberühmt machte, rezitieren sie täglich als öffentlich zugängliches Gebet.

Um 17:58 Uhr streift sich Abt Maximilian seine weiße Kukulle über, zieht die Kapuze über den Kopf und geht zügig durch den Kreuzgang Richtung Abteikirche. Als er eintrifft, sind seine Mitbrüder bereits im Chorgestühl versammelt. Punkt 18:00 Uhr intoniert der Kantor den Choral und sogleich erfüllen vierzig kräftige Männerstimmen, verstärkt durch die Resonanz des Raumes, das Gotteshaus.

Bei der Vesper, also dem Abendgebet in Stift Heiligenkreuz, ist Publikum nicht nur erlaubt, sondern ausdrücklich erwünscht. Besucher nehmen dieses Angebot gerne an, die meisten Bänke sind besetzt. Der uralte Choralgesang in lateinischer Sprache und die Architektur der Kirche erzeugen bei Mönchen und Zuhörern gleichermaßen eine meditative Wirkung. Als die Fenster auf der Westseite der Kirche das Licht der Abendsonne dreiteilen, um sich in der Mitte zu bündeln, breitet sich mystische Stimmung aus. Auf raffinierte Art und Weise wollten die Baumeister des Mittelalters damit die Dreifaltigkeit symbolisieren.

Ein Geheimtipp ist die Vesper in Heiligenkreuz schon lange nicht mehr, war doch der Gregorianische Choral der Zisterziensermönche vor einem Jahrzehnt ein Welthit. Die CD »Chant« verkaufte sich über eine Million Mal und kletterte in den Charts zahlreicher Länder, selbst in Großbritannien, weit nach oben. Nur zwei Österreicher, Falco und DJ Ötzi, waren am internationalen Pop-Markt noch erfolgreicher als der göttliche Chor aus dem Wienerwald. Fragt man Abt Maximilian nach dieser Zeit, lächelt er nur und zuckt mit den Schultern. »Wir sind keine Popstars. Wenn wir singen, beten wir zu Gott.«

In der Abteikirche intonieren die Mönche täglich vor Publikum
den Gregorianischen Choral.

Die Boygroup Gottes

Tatsächlich gaben die Mönche selbst am Höhepunkt ihrer Popularität in den Jahren 2008/09 keine Konzerte außerhalb der Klostermauern. Die Ordensbrüder besuchten in jener Zeit lediglich ein paar Talkshows und gaben Interviews, Audio- und Videoaufzeichnungen des Choralgesangs fanden nur während der Vesper statt.

Ein Korb für Arnold Schwarzenegger

»Das war eine spannende Zeit«, erinnert sich Pater Johannes Paul Chavanne, als er uns durch den Innenhof des Klosters führt. »Die Medien bezeichneten uns als *Pop-Mönche*. Arnold Schwarzenegger wollte uns sogar mit seinem Privatjet nach Kalifornien einfliegen lassen. Natürlich haben wir abgelehnt.« Zisterziensermönche führen traditionell ein einfaches Leben, sie betreiben Forst- und Landwirtschaft und Handwerk. Ihre Demut vor Gott drücken sie auch architektonisch aus, Zisterzienserklöster wurden in Tälern statt auf Anhöhen gebaut.

Obwohl erst Mitte dreißig, gehört Johannes Paul zu den älteren Mönchen des Klosters. 2006 trat er in den Orden ein, 2007 besuchte der damalige Papst Benedikt XVI. Heiligenkreuz, 2008/09 kam der Erfolg in den Hitparaden. Ein aufregender Start ins sonst so kontemplative Klosterleben. Der Alltag eines Mönches sieht normalerweise anders aus. »Wir stehen um halb fünf auf, treffen uns um 05:15 Uhr zum Gebet und anschließend zur Heiligen Messe«, erzählt der junge Pater. Insgesamt dreieinhalb Stunden pro Tag nehmen die Gespräche mit Gott in Anspruch, dazwischen wird gearbeitet und gegessen. »Die Vesper um 18 Uhr ist der musikalische Höhepunkt, da kommen auch die meisten Zuhörer.« Ab 20:15 Uhr herrschen im Kloster Nachtruhe und Schweigen. Trotz strenger Regeln klagen die Zisterzienser nicht über Mangel an Nachwuchs, Bewerber gibt es genug. Das ist unter anderem dem Umstand zu verdanken, dass sich neben dem Stift noch die Hochschule Heiligenkreuz und ein Priesterseminar befinden. Heiligenkreuz gehört derzeit mit knapp hundert Mönchen zu den größten Abteien Europas und verzeichnet derzeit die höchste Anzahl an Ordensbrüder in seiner jahrhundertealten Geschichte.

Seit seiner Gründung im Jahr 1133 besteht Stift Heiligenkreuz ohne Unterbrechung, das historische Gebäude selbst ist ein beeindruckendes Kulturgut, das die Geschichte des Christentums architektonisch abbildet. Skurril etwa die barocke Totenkapelle mit den tanzenden Skeletten, elegant das Brunnenhaus mit den mittelalterlichen bunten Bleiglasfenstern, historisch bedeutsam der Kapitelsaal,

Das Erbe der Vergangenheit

in dem zehn Babenberger mit ihren Frauen bestattet wurden. Einer davon ist der letzte Babenberger, Herzog Friedrich II., der Streitbare, für den ein eindrucksvolles Hochgrab errichtet worden ist.

Jährlich zählt Heiligenkreuz 120.000 Besucher. »Unsere Gästebetten sind meistens ausgebucht«, erzählt Pater Johannes Paul. Jene, die länger bleiben, sind meist Stressgeplagte, die zur Ruhe kommen wollen, Tagesausflügler genießen hingegen die Mischung aus Natur, Kultur und Kulinarik. »Zuerst gehen sie in der herrlichen Umgebung spazieren oder radeln, danach besuchen sie die Vesper, anschließend essen sie im Klostergasthof.« Auch Prominente suchten und fanden in Heiligenkreuz Ruhe und Inspiration. So schrieb etwa der deutsch-österreichische Regisseur Florian Henckel von Donnersmarck hier das Drehbuch zu dem Film *Das Leben der Anderen*, für den er den Auslands-Oscar bekam.

Das Zisterzienserkloster im Wienerwald sucht den Kontakt nach außen. Die Mönche fragen nicht nach der Konfession der Besucher und kommunizieren auf der Höhe der Zeit via Twitter, Facebook und YouTube. Auch »Chant« fungierte als Fenster in die Welt. Vielleicht gibt es bald wieder eine neue CD – »Es wird Richtung populäre christliche Musik gehen, junge Künstler sollen eingebunden werden«, verrät Johannes Paul Chavanne. Noch ein Welthit made in Austria? Er schüttelt den Kopf. »Das Projekt wird sicher nicht diese breite Resonanz finden wie der Gregorianische Choral.«

Info
Zisterzienserabtei Stift Heiligenkreuz
Markgraf-Leopold-Platz 1, 2532 Heiligenkreuz im Wienerwald
• www.stift-heiligenkreuz.org

Tipp
Klostergasthof Heiligenkreuz
Hier kommen regionale Köstlichkeiten auf den Teller: Im angeschlossenen Klostergasthof wird das ganze Jahr über frisches Wild aus dem Forstrevier des Stifts serviert. Als Nachspeise empfehlen wir die üppige, »zweigeschossige« Kloster-Cremeschnitte, eine Eigenkreation aus Blätterteig, mit Vanillesauce, Schlagobers und frischen Waldbeeren.

Zwei Tote und ein Mythos
Die Umstände rund um den Tod von Kronprinz Rudolf und seiner Geliebten Mary Vetsera geben bis heute Rätsel auf.

»Das Grab ist leer!« Die Nachricht verbreitet sich in Windeseile. Am 22. Dezember 1992 werden am Friedhof Heiligenkreuz auf Antrag der Staatsanwaltschaft drei schwere Grabplatten gehoben, um den Verbleib von Mary Vetseras Gebeinen zu überprüfen. Tatsächlich sind die Überreste der Baronesse verschwunden, die Geschichte macht Schlagzeilen rund um den Globus.

Ein Jahr zuvor hat ein Linzer Möbelhändler Marys Gebeine aus der Gruft gestohlen und sie anschließend forensisch untersuchen lassen. Laut eigenen Aussagen wollte er Licht ins Dunkel rund um den Fall Mayerling bringen. Am 30. Jänner 1889 waren der damals 30-jährige Kronprinz Rudolf von Habsburg und seine Geliebte, die knapp 18-jährige Baronesse Mary Vetsera, im Jagdschloss Mayerling unter mysteriösen Umständen gestorben. Damals gab es viele Gerüchte. War es ein Doppelsuizid? Ein Unfall? Oder gar ein Attentat? Mord und Selbstmord?

Der Linzer Unternehmer hatte von sich aus Journalisten informiert und behauptet, dass er die Leiche zwei Grabräubern abgekauft hätte, um einer Strafe zu entgehen. Wie auch immer es sich zugetragen hatte, diese Ereignisse führten dazu, dass Mary Vetsera mehr als 100 Jahre nach ihrem Tod doch noch obduziert wurde. In Folge wurde bewiesen, dass sie durch einen Kopfschuss aus fremder Hand ums Leben gekommen war. Die Baronesse hatte einen Einschuss auf der linken Schädelseite, sie war jedoch Rechtshänderin. Beim »Doppelselbstmord« von Mayerling handelte es sich um Mord und Selbstmord, der Täter war der depressive Kronprinz, Tatort das Schlafzimmer seines Jagdschlosses. Rudolf fand seine letzte Ruhestätte in der Kapuzinergruft, sein Leichnam wurde nie untersucht, da die Habsburger dies bist heute nicht gestattet haben.

Marys Totenruhe wurde hingegen mehrmals gestört. Insgesamt hat man sie vier Mal bestattet, das erste Mal unmittelbar nach der Tra-

MARY
FREIIN v. VETSERA

GEB. 19. MÄRZ 1871
GEST. 30. JÄNNER 1889.

Wie eine Blume sprosst der
Mensch auf und wird
gebrochen.

Job 14, 2.

Baronesse Mary Vetsera wurde insgesamt vier Mal bestattet.

Zwei Tote und ein Mythos

gödie in einem schlichten Holzsarg am Friedhof Heiligenkreuz. Einige Monate später hat man sie exhumiert und erneut beigesetzt, diesmal in einem prunkvollen Kupfersarg. Der wurde 1945 von sowjetischen Soldaten mit einer Spitzhacke brachial aufgebrochen, um nach Gold und Schmuck zu suchen. Dieser schwer beschädigte Sarg wurde erst 1959 durch einen aus Zinn ersetzt und ist heute im Karmel Mayerling ausgestellt. 1991 stahl der erwähnte Möbelhändler ihre sterblichen Überreste. 1993 hat man die Baronesse neuerlich am Heiligenkreuzer Friedhof bestattet.

Wie es zur Tragödie kam

Der Tod des Thronfolgers erschütterte die Monarchie zutiefst, Rudolf war der einzige Sohn von Kaiser Franz Joseph I. und Kaiserin Elisabeth. Die Umstände seines Todes sollten verschleiert werden, die Zeugen erhielten Schweigegeld, beide Leichname hat man damals

Kaiser Franz Joseph I. ließ das Jagdschloss zu einem Kloster umbauen.

nicht untersucht. Die wildesten Gerüchte kamen in Umlauf, der Baronesse unterstellte man unter anderem Selbstmord. Rudolf wiederum wurde Unzurechnungsfähigkeit attestiert, damit ein kirchliches Begräbnis in der Kapuzinergruft möglich wurde.

Eine große Liebesgeschichte war nicht Auslöser für die Tragödie, zumindest nicht von Rudolfs Seite. Zwar war der Teenager Mary ernsthaft verliebt in den Prinzen, der mit Stephanie von Belgien verheiratete Rudolf hingegen hatte Zeit seines Lebens verschiedenste amouröse Abenteuer. Die Nacht vor seinem Tod verbrachte er noch mit der Edelprostituierten Mizzi Kaspar. Eigentlich wollte er sich mit ihr das Leben nehmen, doch Mizzi, seine Vertraute, weigerte sich. Mary war also offenbar nur eine Ersatzkandidatin. Die Ursache der tiefen Verzweiflung des Thronfolgers war kein Liebeskummer. Der Liberale hatte am Wiener Hof viele Feinde, auch um seine Gesundheit stand es schlecht.

Das Erbe der Vergangenheit

Kloster und Museum

Mayerling ist eine Ortschaft im Wienerwald und besteht aus zwei Kirchen, einem Kloster, einem Wirtshaus, ungefähr 50 Häusern und 140 Einwohnern. 100.000 Menschen aus aller Welt pilgern jedes Jahr in das Dorf, um den Schicksalsort der Habsburger zu besuchen. Dort, wo man einst das tote Liebespaar fand, steht heute der Altar einer Kirche, in der täglich eine Messe abgehalten wird. Kaiser Franz Joseph I. hatte das Jagdschloss nach dem Selbstmord seines Sohnes zu einem Kloster umbauen lassen und es den Karmelitinnen gestiftet, die hier seit damals für Rudolfs Seelenheil beten.

Derzeit wohnen elf Nonnen im Karmel Mayerling, sie verbringen die meiste Zeit schweigend, beten sechs Stunden pro Tag und leben, abgesehen von der Priorin, Schwester Maria Regina, ohne Kontakt zur Außenwelt. Besucher werden von weltlichen Kulturvermittlern durch die historischen Räumlichkeiten geführt. Neben der Kirche mit der Kerzenkapelle und dem Museum ist auch Rudolfs Frühstückspavillon öffentlich zugänglich. Die Führungen starten im angeschlossenen Besucherzentrum, wo man auch verschiedene Bücher und Mitbringsel rund um die Tragödie von Mayerling erwerben kann. In den Ausstellungsräumen des Museums werden u. a. alte Fotos, Handschriften und Faksimiles von Marys Abschiedsbriefen präsentiert. Das imposanteste Schaustück des Museums ist sicherlich der zweite Sarg der Baronesse.

So mancher Spaziergänger stattet auch Mary Vetseras hoffentlich letzter Ruhestätte einen Besuch ab. Beim Eingang des Friedhofs Heiligenkreuz weist ein Schild den Weg zu ihrer Gruft. Auf ihrem Grabstein steht: »Wie eine Blume sprosst der Mensch auf und wird gebrochen«.

Info
Karmel Mayerling
Mayerling 3, 2534 Alland
• karmel-mayerling.org

Ein Staatsmann und zwei Republiken

Der Sozialdemokrat Karl Renner war sowohl an der Gründung der Ersten als auch der Zweiten Republik maßgeblich beteiligt. Seine Pläne und Strategien entwickelte er in Gloggnitz.

Als am Neujahrstag 1951 die aufgezeichnete Rundfunkrede von Karl Renner, dem ersten Bundespräsidenten der Zweiten Republik, übertragen wurde, war er schon seit 34 Stunden tot. Bei den Trauerfeierlichkeiten wenige Tage später erwiesen hunderttausende Menschen einem der wichtigsten Politiker des Jahrhunderts die Ehre. Wendig und opportunistisch, aber auch staatsmännisch und in allen Parteien respektiert sei Karl Renner gewesen, sagen Historiker. Geboren wurde Karl Renner als 18. Kind einer Weinbauernfamilie 1870 in Unter-Tannowitz (heute Tschechien). Vielleicht war er aber auch das 17. Kind, denn selbst seine Mutter konnte ihn und seinen Zwillingsbruder Anton als Baby nicht auseinanderhalten. Als sie eines Tages die zwei verschiedenfärbigen Mascherln, mit denen sie ihre Buben markiert hatte, durcheinanderbrachte, wusste sie nicht mehr, wer Karl und wer Anton ist. Eine ältere Schwester traf diesbezüglich eine Entscheidung. Könnte also gut sein, dass der Gründervater zweier Republiken in Wirklichkeit den Namen Anton trug.

Renner ging nach Wien, um Rechtswissenschaften zu studieren und schloss sich bald der Sozialdemokratie an. 1907 wurde er Mitglied des Reichsrats. In dieser Funktion setzte er sich vor allem für die Rechte der Arbeiter und auch für das Frauenwahlrecht ein. 1910 kaufte er eine Villa in Gloggnitz, um einen Wohnsitz in seinem Wahlbezirk Neunkirchen zu haben. Nach dem Zusammenbruch des Habsburgerreichs wurde der Sozialdemokrat 1918 Staatskanzler und blieb es drei Jahre lang. In dieser Zeit führte er auch die österreichische Delegation bei den schwierigen Friedensverhandlungen in St. Germain an, sein Anteil an der Staatswerdung Österreichs war enorm. Renner hat jedoch bereits damals an der Überlebensfähigkeit des neuen Kleinstaates gezweifelt. Ab 1931 übte Renner das Amt des Nationalratspräsidenten aus, nach der »Selbstausschaltung« des Parlaments 1933 trat er zurück.

Renner stand während des Kriegs in seiner Villa unter Hausarrest.

1934 wurde Renner 100 Tage inhaftiert. Danach zog er sich als Pensionist in sein Refugium in Gloggnitz zurück.

Obwohl er sich an anderer Stelle entschieden vom NS-Regime distanziert hatte, erklärte er 1938 zum Entsetzen vieler Genossen, dass er für den »Anschluss« stimmen werde. Bis heute ist diese Aussage ein dunkler Fleck auf Renners Weste. Wahrscheinlich aber hat sie ihn und seine Angehörigen vor Schlimmerem bewahrt. Er verbrachte den Zweiten Weltkrieg in lockerem Hausarrest in seiner Villa.

Als am 1. April 1945 die Rote Armee die Region erreichte, war der Polit-Pensionist für den Tag X vorbereitet. Nur zwei Tage später begab sich der inzwischen 75-Jährige zur russischen Kommandantur in Gloggnitz, um seine Hilfe beim Wiederaufbau Österreichs anzubieten. Die Sowjets schickten ihn weiter zur Kommandostelle nach Hochwolkersdorf, von dort aus telegrafierte man in den Kreml. Und siehe da, Stalin reagierte und unterstützte Renner in Folge bei der Bildung einer Konzentrationsregierung. Mit Diplomatie und Geschick schaffte es der alte und bald wieder neue Staatskanzler, die Teilung Österreichs in Ost und West zu verhindern. Renner wurde der erste Bundespräsident der Zweiten Republik. Seine Villa war noch bis 1978 im Besitz der Familie, nach dem Tod von Tochter Leopoldine wurde sie an den Verein »Dr. Karl Renner Gedenkstätte« veräußert. Heute ist das stilvolle Haus ein Museum und steht unter Denkmalschutz. Das Herzstück der Ausstellung ist die Originalbauernstube, in der er und seine Familie musizierten und Schach spielten. Im Museum befindet sich auch die Schreibmaschine Marke »Mercedes«, mit der Renner den wohl wichtigsten Brief seines Lebens schrieb. Er begann mit den Worten: »Sehr geehrter Genosse Stalin«.

Info
Renner-Museum
Rennergasse 2, 2640 Gloggnitz
• www.rennermuseum.at

Der Urahn der Grünen

Im 19. Jahrhundert sollte ein Viertel des Wienerwaldes abgeholzt werden. Josef Schöffel rettete das heutige Naherholungsgebiet fast im Alleingang und ließ sich dabei selbst von Morddrohungen nicht abhalten.

Am 13. Juli 1873 ziert eine Karikatur Josef Schöffels (1832–1910) das Cover der satirischen Wochenzeitung *Die Bombe*. Der frischgebackene Mödlinger Bürgermeister ist als streitbarer Baum abgebildet, seine Arme wachsen wie Äste aus dem Stamm und wehren seine als kleine Männchen gezeichneten Widersacher erfolgreich ab. Schöffel, pensionierter Oberleutnant und kompromissloser Journalist, hat gesiegt und den Wienerwald gerettet.

Ein unverhoffter Ausgang, war es doch eine drei Jahre dauernde Auseinandersetzung, die dem Kampf David gegen Goliath glich. Um die leergeräumten Staatskassen wieder aufzufüllen, sollte ein Viertel der Waldfläche an einen Holzhändler verkauft und ohne Rücksicht auf Natur und Bevölkerung geschlägert werden. Von 1870 bis 1872 schrieb Schöffel gegen die Abholzung des Wienerwaldes in Zeitungsartikeln an und brachte getreu dem Motto »Viel Feind', viel Ehr'!« zahlreiche Mächtige, darunter Politiker, Spekulanten und Beamte, gegen sich auf.

Schöffel prangerte Amtsmissbrauch und Verschleuderung von Staatseigentum an und bezichtigte hohe Beamte der Korruption. Mehrmals wurde er wegen Ehrenbeleidigung verklagt, doch seine hieb- und stichfesten Recherchen schützten ihn. Auch Bestechungsversuchen widerstand er, selbst von Morddrohungen ließ er sich nicht einschüchtern. Schöffel sollte durch einen vorgetäuschten Jagdunfall getötet werden, wurde aber gewarnt. Danach ging er nicht mehr auf die Jagd, doch seine Agenda verfolgte er beharrlich weiter.

Ende 1872 hatte er es schließlich geschafft, der Wienerwald wurde nicht verkauft und mehrere korrupte Beamte wurden zur Verantwortung gezogen. Über hundert Gemeinden ernannten Schöffel

daraufhin zum Ehrenbürger, der Parteilose wurde zudem Bürgermeister von Mödling (1873–1882) und übte dieses Amt sehr erfolgreich aus. Durch sein Bestreben erfolgte die Stadterhebung im Jahre 1875. Im Laufe der Jahre bekam Mödling aufgrund seiner Initiativen ein Kranken- und ein Armenhaus, ein Postamt, ein Theater, Gasbeleuchtung und einen Kurpark. Zudem gründete er das Kreditinstitut »Sparkasse der Stadt Mödling«, dadurch konnten wichtige Infrastrukturprojekte, wie etwa der Wasserleitungs- und Kanalbau, finanziert werden.

Ein Denkmal in Mödling erinnert an den großen Sohn der Stadt.

Ein Waisenhaus für Mödling

Nach seiner Amtszeit überzeugte Schöffel einen wohlhabenden Freund, den berühmten Anatomen Dr. Josef Hyrtl (1810–1894), in der Wienerwaldstadt eine große Waisenanstalt zu bauen. In dem 1886 gestifteten Hyrtl'schen Waisenhaus war das Schlagen und Beschimpfen der Kinder verboten, vielmehr wurde Wert auf die Ausbildung der Zöglinge gelegt. Nach Hyrtls Tod kümmerte sich Schöffel auch weiterhin um das Waisenhaus. In seinen letzten Lebensjahren besuchte er die Zöglinge täglich und ließ sich von ihnen als »Vater« ansprechen. Als alter Mann wollte er selbst im Waisenhaus wohnen, verstarb jedoch kurz vor dem Umzug.

In verschiedenen Wienerwaldgemeinden erinnern noch heute Büsten und Gedenksteine, Straßennamen und ein Schaukasten im Museum Mödling an den Mann, der den Kahlschlag des Naturjuwels verhindert hat.

Info
Museum Mödling – Thonetschlössl
2340 Mödling, Josef-Deutsch-Platz 2
• www.museum-moedling.at

Der Urahn der Grünen

33 Beethovenhaus Baden, Beethoven-Gedenkstätte, Mödling

Ein Genie auf Sommerfrische
Ludwig van Beethoven war ein schwieriger und ruheloser Zeitgenosse, der häufig sein Quartier wechselte. In Baden und Mödling wurden seine ehemaligen Wohnungen zu Museen umfunktioniert.

»Warum net gar, ein Lump ist er, so sieht der Herr von Beethoven nicht aus!«, wird der Polizeibeamte zitiert, der Ludwig van Beethoven (1770–1827) wegen Landstreicherei verhaftete. Das Musikgenie war wie so oft gedankenverloren und mit einem etwas schäbigen Mantel bekleidet von Baden bei Wien Richtung Wiener Neustadt gewandert, wo der Komponist schließlich am Ungartor aufgegriffen wurde. Weil er energisch seine wahre Identität beteuerte, ließ der Polizeikommissar spätnachts noch den Musikdirektor der Stadt rufen. Der erkannte den Meister sofort und nahm ihn mit in sein Haus. Am nächsten Morgen entschuldigte sich der Wiener Neustädter Bürgermeister höchstpersönlich und ließ ihn mit seiner Kutsche nach Baden zurückbringen.

Diese Begebenheit soll sich im Jahr 1821 oder 1822 zugetragen haben und ist eine von vielen, die belegt, dass Ludwig van Beethoven ein unkonventioneller Zeitgenosse und unruhiger Geist war. Er hatte schon früh gesundheitliche Probleme, die wahrscheinlich auf eine Bleivergiftung durch übermäßigen Konsum von gepantschtem Wein zurückzuführen waren. Er litt an Unterleibsproblemen und bekanntermaßen schon in jungen Jahren unter fortschreitendem Gehörverlust, der mit völliger Taubheit endete. Vielleicht rührte daher seine Griesgrämigkeit. Beispielsweise behandelte er seine Dienstboten schrecklich, allen voran die Frauen, die für den Junggesellen den Haushalt erledigten. Manchmal wechselte er ein- bis zweimal pro Monat seine Hausangestellten. Obwohl Beethoven als Frauenschwarm galt, blieb ihm eine langfristige glückliche Beziehung verwehrt. Oft scheiterten seine Verhältnisse am Standesunterschied zu seinen meist adeligen Geliebten.

Das Erbe der Vergangenheit

Das Kupferschmidhaus, in dem Beethoven mehrere Sommer verbrachte, wurde ihm als Museum gewidmet.

Rund achtzig Mal soll Beethoven in seinem kurzen Leben umgezogen sein, häufig in Wien und in Niederösterreich, wo er gerne seine Sommerfrische verbrachte. Die Kurstadt Baden hatte es dem chronisch Kranken besonders angetan, zwischen 1803 und 1825 sind siebzehn Aufenthalte in unterschiedlichen Häusern nachgewiesen.

In Baden schrieb er auch Teile seines berühmtesten Werkes, der 9. Symphonie, u. a. den vierten Satz mit der *Ode an die Freude* als Leitmotiv, der heutigen Europahymne. 1821 mietete er sich erstmals im Kupferschmidhaus mit der heutigen Adresse Rathausgasse 10 ein. In den darauffolgenden beiden Jahren bezog er erneut hier Quartier, sein Aufenthalt hatte hauptsächlich gesundheitliche Gründe. Trotzdem arbeitete er hier auch an der »Neunten«. Als ihm einmal das Papier ausging, kritzelte er seine Tonfolgen einfach auf die Fensterläden seiner Wohnung. Kurgäste aus dem Nachbarhaus beobachteten den Komponisten dabei und erwarben die Fenster-

Ein Genie auf Sommerfrische

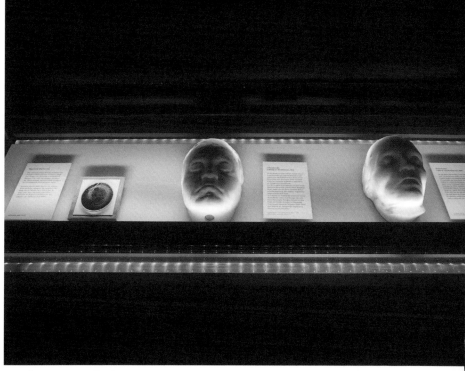

Beethovens Haarlocke, seine Lebendmaske (Mitte) und Totenmaske (rechts).

läden nach Beethovens Abreise. Sein Vermieter verdiente doppelt daran, denn im folgenden Jahr verlangte er von dem Musiker, den Schaden zu bezahlen.

Während seiner Aufenthalte in Niederösterreich unternahm Beethoven auch ausgedehnte Spaziergänge, bei denen er sich Inspiration für seine Kompositionen holte. Der nach ihm benannte »Beethoven-Wanderweg« folgt seinen Spuren unter anderem durch Baden und Mödling in wunderbar idyllischer Landschaft auf einer Länge von 71 Kilometern.

Das Kupferschmidhaus in der Badener Innenstadt wurde dem Komponisten als Museum gewidmet.1989 eröffnete die Stadtgemeinde hier in seinen ehemaligen Wohnräumen eine Gedenkstätte, 2013 hat man sie erweitert und adaptiert und im Jahr darauf als modernes Museum wiedereröffnet. Auf drei Stockwerken wird nun Beethovens Leben und Wirken (vor allem die Entstehung und Inter-

Das Erbe der Vergangenheit

pretation der »Neunten«) mit multimedialen Mitteln und originalen Schaustücken vermittelt. Besondere Exponate sind etwa eine Haarlocke Beethovens, die ihm auf seinem Totenbett abgeschnitten wurde, und ein Hammerklavier, auf dem er mehrfach spielte.

Die zunehmende Taubheit des Musikers wird mittels Klangbeispielen in einem interaktiven Hörlabor veranschaulicht. Im Laufe der Zeit werden die Töne immer leiser und dumpfer, am Ende verstummen sie. Der tragische Hörverlust des genialen Komponisten ist *so* gut nachvollziehbar und macht betroffen.

Gedenkstätte in Mödling

In den Jahren 1818 und 1819 verbrachte Beethoven die Sommermonate im sogenannten Hafnerhaus in Mödling. Hier arbeitete er unter anderem an einem seiner Hauptwerke, der feierlichen Messe »Missa Solemnis«. 1970 wurde aus Anlass des 200. Geburtstags in Beethovens ehemaliger Wohnung eine Gedenkstätte eingerichtet, die auf Anfrage zu besichtigen ist. Die Räumlichkeiten erwecken den Anschein, als ob der Künstler noch immer hier leben würde. Zudem wird seine Zeit in Mödling mit Bildern, Fotos und Faksimiles von Briefen dokumentiert.

Info
Beethovenhaus Baden
Rathausgasse 10, 2500 Baden
• www.beethovenhaus-baden.at
Beethoven-Gedenkstätte im Hafnerhaus
Hauptstraße 79, 2340 Mödling
• www.museum-moedling.at/beethovenhaus.htm

Tipp
Beethoventempel im Kurpark

Im 52 Hektar großen und traumhaft schönen historischen Kurpark Baden baute man dem Komponisten anlässlich seines 100. Todestags einen »Tempel«. Ein Spaziergang zu dem Pavillon lohnt sich schon wegen der großartigen Aussicht über die Thermenregion und die Stadt Baden. Im Sommer finden im Beethoventempel Mondscheinkonzerte statt.

Sentimentales Sammelsurium
Das größte Regionalmuseum Niederösterreichs überrascht mit einer unglaublichen Palette an Themen und Exponaten.

Zu Demonstrationszwecken dreht Reinhard Götz an der Kurbel des über 100 Jahre alten Postkartenautomaten. »Darin wurden verschiedene Ansichten von Traiskirchen angeboten, eine Karte hat zehn Heller gekostet«, erklärt der Gründer der Ladenstraße, dem Herzstück des weitläufigen Museums. Die von ihm initiierte historische Einkaufsstraße besteht aus originalgetreu eingerichteten Geschäften und Handwerksbetrieben mit liebevoll gestalteten Fassaden. Das Inventar der Läden stammt aus der Region, vieles davon aus Traiskirchen. Der Mittsiebziger Götz ist in manchen Geschäften noch selbst einkaufen gegangen oder hat zumindest die Besitzer gekannt. Die Nostalgiemeile nahm mit dem Nachbau einer authentischen Bäckerei aus der Zwischenkriegszeit ihren Anfang. Der gelernte Zuckerbäcker Götz hatte die Exponate aus drei mittlerweile geschlossenen Badener Betrieben zusammengetragen und damit den ersten der Museumsläden im Jahr 1990 eingerichtet. »Die Besucher waren begeistert«, erinnert er sich. Die positiven Reaktionen nahmen er und seine Mitstreiter zum Anlass, um rund zwanzig Jahre unermüdlich weiterzusammeln und mit viel Liebe zum Detail das Kernstück der Traiskirchner Retro-Erlebniswelt zu erschaffen.

So ist etwa die Greißlerei, in der es alles für den täglichen Gebrauch gab, obwohl kaum Platz vorhanden war, eine Kopie des ehemaligen Lebensmittelladens der Familie Drexler aus Möllersdorf. Sie lässt Erinnerungen an eine Zeit wach werden, als man Gries und Mehl noch in Papiersäcken verkaufte. Im Studio des Fotografen werden unter anderem eine Plattenkamera aus dem Jahr 1910 und eine Dunkelkammer präsentiert. Beim Friseursalon zeigt uns Herr Götz ein Schwarzweißfoto, auf dem eine Gruppe Männer posiert. »Einer davon ist mein Großvater, ein anderer mein Vater. Sie stehen vor ihrem Geschäft in Bad Vöslau«, sagt er. Nicht nur wo die Menschen damals einkauften und wie sie arbeiteten, auch wie sie wohnten und

Das Erbe der Vergangenheit

Die historische Einkaufsstraße ist das Herzstück des Museums.

wo sie gesellig zusammensaßen, wird im Museum gezeigt. Eine Bassenawohnung aus den 1930er-Jahren offenbart die Beengtheit und die anstrengende Hausfrauenarbeit von anno dazumal.

40 Schauräume, 4.000 m², 40.000 Objekte

Wer sich hier auf eine Zeitreise einlässt, sollte auch viel Zeit mitbringen. Die Vielfalt der Themen und die enorme Menge an Exponaten erstaunt viele Besucher, die häufig mehrmals kommen. Das Museum Traiskirchen, das sich im Ortsteil Möllersdorf in den ehemaligen Räumlichkeiten einer Kammgarnfabrik befindet, ist das größte Regionalmuseum Niederösterreichs, erstreckt sich auf 4.000 m² und ist in mindestens 40 Schauräume unterteilt. Die Zahl der gesammelten Objekte beläuft sich laut groben Schätzungen der Mitarbeiter auf 40.000 bis 50.000 Stück. »Viele davon befinden sich im Lager, wir können nicht alles gleichzeitig ausstellen«, erläutert Götz. Das

Die internationale Sammlung von Polizei- und Gendarmeriekappen, -helmen und -abzeichen umfasst knapp 3.000 Exponate.

Museum wurde 1988 in die seit 1975 ausgedienten Betriebshallen übersiedelt. Das Areal der Kammgarnspinnerei ist die älteste Fabrikanlage der Stadt, 150 Jahre lang wurden hier Zwirne und Garne produziert.

Angefangen hat alles mit dem ehemaligen Amtsleiter Franz Schlögl, mittlerweile Anfang 90, der bereits vor mehr als 50 Jahren zahlreiche Fundstücke zusammengetragen und diese auf verschiedenste Räumlichkeiten in Traiskirchen verteilt hat. Zunächst wurden Teile seiner Sammlung in der Nikolauskirche auf lediglich 20 m² gezeigt. Schließlich erstand die Gemeinde die Spinnerei und stellte sie für das Museum zur Verfügung. Schlögl, später auch Götz und viele andere schufen im Laufe der Jahre das regionale Panorama quer durch verschiedenste Themenbereiche. Radio- und Phonogeräte (1924 bis 2010) werden genauso präsentiert wie eine internationale Sammlung von Polizei- und Gendarmeriekappen, -helmen und

-abzeichen (knapp 3.000 Stück aus 97 verschiedenen Staaten), Oldtimer-Motorräder sind ebenso zu bestaunen wie eine Dampfmaschine, Mineralien oder Devotionalien rund um den Weinbau. In zwei großen Hallen wird anhand einer Vielzahl von Fahrzeugen und Schaustücken die Geschichte der Feuerwehr erzählt, der nachgebaute Luftschutzraum bringt ein bedrückendes Stück Zeitgeschichte nahe.

Auch dem bekannten österreichischen Spielzeugproduzenten »Matador« (gegründet 1903) ist ein Teil der Ausstellung gewidmet. Verspielte werden von einer über drei Meter hohen und 90 kg schweren Nachbildung des Wiener Riesenrades empfangen, die genauso wie 70 andere Modelle durch das Drücken eines Schalters zum Bewegen gebracht werden kann. Seil- und Eisenbahnen, Kräne und Ringelspiele klappern, rasseln und drehen sich während der Öffnungszeiten zur Freude großer und kleiner Kinder konstant um die Wette.

Untrennbar mit Traiskirchen verbunden ist der Name Semperit. Der Reifenproduzent war hier 107 Jahre lang ein wichtiger Arbeitgeber, bis das Werk 2010 geschlossen wurde. Die Ausstellung rund um die Firma erzählt von einer langen Erfolgsgeschichte und ihrem Ende. Unter anderem werden der letzte Sommer- und der letzte Winterreifen präsentiert, die 2002 vom Fließband rollten.

Im Freigelände können ein Wasserrad, ein Sägegatter aus dem Jahr 1920, eine Haltestelle und ein Waggon der Badner Bahn bestaunt werden. Letzterer ist ein beliebtes Fotomotiv und so etwas wie das Wahrzeichen des Museums. Für Traiskirchen war und ist die Lokalbahn von großer Bedeutung. »1907 ist die Badner Bahn das erste Mal zwischen Wien und Baden gefahren, unsere Stadt liegt genau in der Mitte«, sagt Götz. »Bis heute beträgt die Fahrzeit auf der gesamten Strecke eine Stunde, daran hat sich seit damals nichts geändert.« Über die Lautsprecher stimmt Hans Moser seinen Gassenhauer »Sperrstund is« an. Leider zu früh, wir haben noch lange nicht alles gesehen.

Info
Museum Traiskirchen
Wolfstraße 18, 2514 Traiskirchen-Möllerdorf
Von März bis 24. Dezember jeweils Dienstag, Sonn- und Feiertag von 08:30 bis 12:30 Uhr geöffnet. Gruppenführungen nach Vereinbarung auch zu anderen Zeiten möglich.
• www.stadtmuseum-traiskirchen.at

35 Triestingtaler Heimatmuseum, Weissenbach

Kunterbuntes Gedächtnis einer Region

Seit Kindheitstagen ist Wolfgang Stiawa Sammler aus Leidenschaft. Das Resultat ist ein Kaleidoskop aus historischen Exponaten des Triestingtales.

»Seit ich zehn Jahre alt bin, sammle ich«, sagt Wolfgang Stiawa. »Angefangen habe ich mit Briefmarken, aber besonders stolz war ich damals auf eine große, kupferne Krupp-Münze.« Das war 1948. Jetzt, ziemlich genau 71 Jahre, später bestaunen wir das Ergebnis seiner Sammelleidenschaft, ein Museum, das 1987 im Ortszentrum von Weissenbach eröffnet wurde. Rund 10.000 Schaustücke verteilen sich in der ehemaligen Volksschule auf mehrere Räume, die allesamt vollgestopft sind mit Erinnerungen an Prominente der Region und die Industrie- und Alltagsgeschichte des Tals. Wir begutachten unter anderem den Backenzahn eines Mammuts, eine Beinprothese aus dem I. Weltkrieg und Gerätschaften bzw. Interieur aus der Zahnarztpraxis des ehemaligen hiesigen Dentisten Kurt Mühmler. Stiawa dreht an der Kurbel der Zahnbohrmaschine und lacht. »Fühlen Sie mal, damit konnte man hervorragend arbeiten. Ich habe selbst noch eine Plombe von Kurt Mühmler im Mund.« Ein wenig Ordnung in das etwas unübersichtliche Panoptikum bringt Stiawas rechte Hand Helmut Heimel. »Er beschwert sich, wenn ich wieder etwas herumliegen lasse. Doch das ist in Ordnung, wir sind ein gutes Team«, erzählt der Museumsleiter. Kollege Heimel nickt zustimmend. Er kümmere sich hauptsächlich um Sonderausstellungen. »Ich platziere die Exponate und achte darauf, dass zum Beispiel beim Thema Biolandwirtschaft keine Raketenteile oder ähnliches zwischen den Schaustücken stehen«, sagt er schmunzelnd.

Zahlreiche Fabriken und Kleinbetriebe siedelten sich während der Industriellen Revolution im Triestingtal an, etliche wurden im Laufe der Zeit wieder geschlossen oder sind abgewandert. Die ältesten Devotionalien im Museum sind Objekte aus der Spiegelfabrik

Rund 10.000 Objekte trug Stiawa im Laufe seines Lebens zusammen.

Kunterbuntes Gedächtnis einer Region

Wolfgang Stiawa »behandelt« Mitstreiter Helmut Heimel auf dem
alten Zahnarztstuhl.

Neuhaus, die rund um 1700 das Industriezeitalter in der Monarchie
einläutete, aber auch andere (ehemalige und noch bestehende)
Unternehmen aus der Region werden vorgestellt. Eine Webmaschine
präsentiert die Leonischen Werke, in denen Goldbänder produziert
wurden, Zement- und Kunststeinprodukte erinnern an die Zement-
und Betonwarenfabrik in Weissenbach, die 1870 von Adolf Baron
Pittel gegründet wurde.

    Unter den Künstlern, Erfindern und Pionieren, die im Tries-
tingtal geboren sind und/oder hier lebten und arbeiteten, war auch
der spätere Weltstar Hedy Lamarr. Wolfgang Stiawa war gerade
sechs Jahre alt, als er die schöne junge Wienerin für wenige Sekunden in dem Film *Ekstase*, gedreht 1932, nackt durchs Bild huschen
sah. »Lange durfte ich nicht im Kino bleiben, meine Mutter musste mit mir hinausgehen. Der Streifen war damals ein Skandal.« Der
Museumsleiter hat der Schauspielerin ein Plätzchen in einem der

Das Erbe der Vergangenheit

Ausstellungsräume gewidmet. Weil sie von 1933 bis 1937 mit dem Generaldirektor der Hirtenberger Patronenfabrik, Fritz Mandl, verheiratet war, lebte sie in dieser Zeit in der Region. Sehr glücklich war der spätere Hollywood-Star damals nicht, ihr rasend eifersüchtiger Ehemann behandelte sie wie eine Gefangene. »Mandl hat versucht, alle Kopien des Films aufzukaufen, natürlich vergebens«, erzählt Stiawa. 1937 floh Frau Mandl aus der gemeinsamen Villa vor ihrem Ehemann über Paris bis in die USA und startete in Hollywood als Hedy Lamarr neu durch.

Triestingtaler Köpfe

Auch sonst lernt man in den Weissenbacher Schauräumen so allerlei über bedeutende historische Persönlichkeiten und Künstler mit Bezug zur Region. So schätzte etwa der Schauspieler Curd Jürgens das Gebiet und hatte ein Haus in Enzesfeld. Gewürdigt wird auch der gebürtige Hirtenberger Béla Barényi, ein außergewöhnlicher Erfinder, *von* dem bis zu 2.500 Patente angemeldet wurden. Einige davon haben die Sicherheit des Autofahrens entscheidend verbessert. Der Wahl-Leobersdorfer Hans Ritter Umlauff von Frankwell war Flugzeugkonstrukteur und erfolgreicher Pilot, 1911 gelang ihm der erste Fernflug von Wiener Neustadt nach Sopron und retour. Die weltberühmten Ingenieure Viktor Kaplan und Rudolf Diesel waren einige Jahre in der Leobersdorfer Maschinenfabrik tätig. Das Peilstein-Gebiet, ein Dorado für Kletterer, lockte mehrmals den verwegenen Alpinisten Fritz Kasparek in die Region. Ihm gelang unter anderem mit Heinrich Harrer die erstmalige Besteigung der Eiger-Nordwand. Ein in den USA erfolgreicher, aber hierzulande eher unbekannter Künstler, der Deutsche Franz Bueb, wohnte in dem kleinen Ort Grillenberg nahe Berndorf, um sich von seinem Jet-Set-Leben zwischenzeitlich zu erholen. Auf seinen Reisen verkehrte er unter anderem mit den Kennedys, zu seinen Kunden zählten die Rothschilds oder Ingrid Bergmann.

Einer der Pioniere aus der Region ist noch unerwähnt geblieben. »Ich habe einen Gipsgehfußbügel aus Weich-PVC erfunden«, erzählt der Museumsdirektor und ehemalige Kunststofftechniker Stiawa, als er auf besagtes Exponat hinweist. Er ist einer jener kreativen Köpfe aus dem Triestingtal, deren Leistungen im Heimatmuseum dokumentiert werden, damit sie nicht in Vergessenheit geraten.

Info
Triestingtaler Heimatmuseum
Kirchenplatz 3, 2564 Weissenbach
• www.triestingtalmuseum.at

Der Nachlass der Doktoren

Im ältesten Museum Niederösterreichs stehen neben der Stadtgeschichte Badens die Sammlungen zweier Ärzte im Mittelpunkt.

»Liebe Besucherin, lieber Besucher, wir wissen schon, wie man ROULETTE schreibt! Aber das städtische ROLLETTMU-SEUM Baden hat seinen Namen von seinem Gründer, dem Badener Mediziner Anton ROLLETT!« Das Team des ältesten Museums Niederösterreichs empfängt mit einem Roulette und dem augenzwinkernden Hinweis, dass die Universalausstellung rein gar nichts mit dem Glückspiel zu tun hat. Stattdessen reist man auf einer Fläche von 350 m² quer durch Badens Historie, von der Jungsteinzeit über die Römer und Awaren, weiter zum Mittelalter und Biedermeier bis ins 20.Jahrhundert. Aber auch ein kleines Stück der großen weiten Welt wurde mit so manchen Exponaten in die Kurstadt geholt.

Der Kern der Sammlung geht auf den Badener Anton Rollett (1778–1842) zurück. Er war Arzt, Naturforscher, Kunstfreund und Sammler. Obwohl aus ärmlichen Verhältnissen stammend, begann er bereits als 13-Jähriger eine Lehre bei einem Chirurgen. Später studierte er im Wiener Allgemeinen Krankenhaus, danach praktizierte der Mediziner zunächst in Piesting. 1801 kehrte er in seine Heimatstadt zurück, um hier als angesehener, aber auch wohltätiger Arzt Karriere zu machen.

Neben seiner medizinischen Tätigkeit widmete sich Rollett der Biologie und der Zoologie. Er sammelte Naturalien, technische und ethnologische Gegenstände und Kunstobjekte und konservierte rund 14.000 Pflanzenarten. 1867 ging ein umfangreicher Teil dieser Objekte durch eine Schenkung in das Eigentum der Stadt Baden über und wird auch heute noch in dem nach ihm benannten Museum präsentiert. Im Laufe der Zeit wurde die Sammlung ständig erweitert, so ist etwa eine ägyptische Mumie zu sehen, die Georg von Mautner Markhof (1840–1904) angekauft hat. Die skurrilsten Objekte

im Museum gehen jedoch auf den berühmten Gehirnanatomen Franz Josef Gall (1758–1828) zurück.

Die Schädel des Doktor Gall

Der in Deutschland geborene Arzt Franz Josef Gall studierte ab 1781 in Wien und spezialisierte sich auf die Erforschung des menschlichen Gehirns. Er wollte einen Zusammenhang der Schädelform mit den darunter gelegenen »Hirnorganen« beweisen und stellte zu diesem Zweck auch Vergleiche mit Tiergehirnen an. Der leidenschaftliche Forscher sammelte zudem Schädel von Menschen und Tieren und ließ Gipsbüsten und Gehirnmodelle fertigen. Gall hielt Privatvorlesungen über sein Lieblingsthema und erntete für seine Lehren einerseits begeisterte Zustimmung, andererseits energische Ablehnung. Seine »Wiener Objekte« überließ er 1825 Anton Rolett, der sie in seine Sammlung eingliederte.

Doktor Gall überließ Anton Rollett seine morbide Schädelsammlung.

Begraben wurde Gall 1828 in Paris – natürlich ohne Kopf. Auf seinen Wunsch ergänzt sein Haupt die eigene Sammlung und befindet sich heute ebenfalls in Paris. Makabres Detail am Rande: Die Statue auf seinem Grabmal wurde von einem umstürzenden Baum regelrecht geköpft, der steinerne Kopf ist seither unauffindbar.

Info
Rollettmuseum Baden
Weikersdorfer Platz 1, 2500 Baden
• www.rollettmuseum.at

Kulturgeschichte des Glücks
Die außergewöhnliche Sammlung der Badenerin Helga Weidinger bezaubert große und kleine Besucher.

»Ich habe mich so gefreut. In diesem Moment war ich sehr glücklich.« Worte wie »Glück« und »Freude« dominieren, wenn Helga Weidinger über ihre Schätze spricht. Die Badenerin hat im Alleingang in mehr als dreißig Jahren eine außergewöhnliche Spielzeugsammlung zusammengetragen und steckt mit ihrer Begeisterung an. In den Räumen und neben den Vitrinen des kleinen Museums versinkt man in eine längst vergangene Welt. Kinderglück aus zwei Jahrhunderten drängt sich dicht aneinander, Plüschtiere sitzen neben Puppen, Kaufmannsläden reihen sich an Schaukelpferde. »1968 begann ich zu sammeln. Meine ersten beiden antiken Puppen durfte ich mir aus dem Keller einer Freundin holen. Sie waren völlig kaputt, aber ich reparierte sie.«

Seitdem schlenderte Weidinger durch Flohmärkte in Wien und Baden und besuchte Spielzeugbörsen, immer auf der Suche nach altem, damals noch erschwinglichem Spielzeug. »Später wurde das ein richtiger Boom, mehr und mehr Menschen sammelten, dadurch wurden Raritäten immer kostspieliger.« Die Objekte sind meist handgefertigt und aus verschiedensten Materialien, etwa Holz, Wachs oder Papiermaché. Weidinger drapierte ihre Fundstücke zunächst im Schlafzimmer ihres Hauses. Der Platz wurde immer knapper und schließlich beschloss die geschickte Puppendoktorin, ihre Schätze der Öffentlichkeit zugänglich zu machen. Die Sammlung wurde von der Stadtgemeinde Baden übernommen, zog 1990 in das ehemalige Wirtschaftsgebäude der Attemsvilla am Erzherzog-Rainer-Ring und wird seitdem als städtisches Museum geführt.

Der besondere Zauber der Ausstellung liegt darin, dass jedes einzelne Objekt eine emotionale Geschichte erzählt. Frau Weidinger zeigt uns eine unscheinbare Puppe mit blumengeschmücktem Strohhut und blauem Kleid. »Ihr Name ist Apollonia Rosenmeier. Sie ist mein Lieblingsstück, obwohl sie nicht besonders hübsch ist.«

Das Erbe der Vergangenheit

Helga Weidinger sammelt seit 1968 Spielzeug-Raritäten.

Das älteste Exponat im Museum ist ein Guckkasten aus dem Jahr 1760, die jüngsten stammen aus den 1940er-Jahren. Eine mechanische Puppen-Spieluhr aus Frankreich, Baujahr 1878, ist noch immer funktionstüchtig, sie bewegt Arme und Kopf und spielt die Melodie von »Bruder Jakob, schläfst du noch?«. Hochwertiges Spielzeug war damals meist den Wohlhabenden vorbehalten und die Materialien oft heikel. Puppenköpfe wurden häufig aus Porzellan gefertigt, die Augen aus Glas hergestellt. Kinder durften nur zu bestimmten Anlässen und unter Aufsicht damit spielen.

Frau Weidinger ist nur noch gelegentlich im Museum anzutreffen, mittlerweile kümmert sich ihre Tochter Barbara Lorenz um Ausstellung und Führungen. Die Leidenschaft für das kostbare alte Spielzeug wurde ihr gleichsam in die Wiege gelegt.

Info
Puppen- und Spielzeugmuseum Baden
Erzherzog-Rainer-Ring 23, 2500 Baden
• www.puppenmuseum-baden.at

Unterirdische Welten

WIEN

NIEDERÖSTERREICH
(MOSTVIERTEL)

Donau

• 39
• Mödling

• 40

• Baden

Wiener Neustadt

△ Schneeberg (2.076 m)

BURGENLAND

• 41 Neunkirchen

• Gloggnitz

• Semmering
• 38

STEIERMARK

Bruck an der Leitha

Wussten Sie, dass …?

… man in Neunkirchen unter dem Tresor einer Bank spazieren gehen kann?

… die Seegrotte in Hinterbrühl durch eine Fehlsprengung entstanden und hier seitdem der größte unterirdische See Europas ist?

… Schlüsselszenen des Hollywood-Blockbusters »Die drei Musketiere« 1993 in der Seegrotte Hinterbrühl gedreht wurden?

… man in der Allander Tropfsteinhöhle das fast vollständige Skelett einer 10.000 Jahre alten Braunbärin an ihrer Originalfundstelle bestaunen kann?

Rutschpartie durch die Finsternis

Im 19. Jahrhundert erforschten wagemutige Männer die größte Tropfsteinhöhle Niederösterreichs. Abenteuerlustige begeben sich auch heute noch auf ihre Spuren.

»Wir standen an einem fürchterlichen Schlund und konnten nicht mehr weiter«, schrieb der Reiseschriftsteller Josef Adalbert Krickel, nachdem er 1836 mit mehreren Männern den Abstieg in die Höhle gewagt hatte. 125 m tief waren die Höhlenforscher in das unbekannte Labyrinth unter Tage geklettert, bis ihnen das Wagnis zu groß erschien und sie zur Umkehr gezwungen waren.

So tollkühn wie die Pioniere in den 1830er-Jahren muss man für die Abenteuerführung in der mittlerweile gut erforschten Hermannshöhle nicht mehr sein, für Adrenalinschübe und ein paar blaue Flecken ist die Tour aber noch immer gut. »Rechtzeitig bremsen!«, schreit Barbara Wielander. Wir halten uns an ihre Anweisungen und rutschen am Hosenboden nacheinander in die Finsternis. Obwohl die Höhlenforscherin versichert, dass es nur wenige Meter bis nach unten sind, ist uns die Rutschpartie nicht ganz geheuer. Um von unten wieder nach oben zu kommen, wurde ein Seil angebracht, an dem wir uns hinaufziehen können.

Wer den kleinen Kick erleben möchte, ist in Kirchberg am Wechsel genau richtig. Neben der Normalführung, die man auch in Sonntagskleidung in Angriff nehmen kann, wird auf Anfrage auch eine Abenteuertour angeboten. Ausgerüstet mit Helm und Stirnlampe (wird zur Verfügung gestellt) geht es auf alten Führungswegen in den zuallererst entdeckten Teil der Höhle, der noch fast so ursprünglich ist wie seinerzeit.

Es ist eng, dunkel, gatschig, niedrig, feucht und manchmal etwas unheimlich. Abwechselnd aufrecht, bodennahe oder mit eingezogenem Bauch »erforschen« wir das weitverzweigte System. Festes Schuhwerk und eine zweite Garnitur Kleidung ist dringend anzuraten. Je nach Befindlichkeit, Ausdauer oder Motivation werden die Touren individuell zusammengestellt.

Auf den alten Führungswegen wird es manchmal eng.

Fledermäuse, Gnome, Totenköpfe und ein Perlenhalsband

Die inzwischen genau vermessene Höhle weist eine Länge von knapp 4.430 m und eine Höhendifferenz von 73 m auf. Davon sind rund 300 m bei der Abenteuertour und 500 m bei der gut ausgebauten Normalführung begehbar. Diese beginnt beim Windloch und endet beim Taubenloch. Dazwischen durchqueren wir den Barbarastollen, die Dietrichshalle mit 15 m und den großen Dom mit 20 m Höhe, danach passieren wir die tiefe Wolfsschlucht. Viele kuriose Gestalten begleiten uns auf diesem Weg. »Erstentdecker von Kalksteingebilden dürfen diese auch benennen«, erzählt Wielander. So kommen wir an einem Frosch, einer Schildkröte, einem Perlenhalsband, aber auch an Totenköpfen vorbei. Berühren ist strengstens untersagt, »wachsen« die Tropfsteingebilde je nach Niederschlag und Kalkgehalt des Gebirges doch nur um ca. 1 cm in 100 Jahren.

Eine weitere Tour führt durch das erst 1940 entdeckte Kyrlelabyrinth. Durch einen separaten künstlichen Eingang gelangt man zunächst in die Paradieshalle und weiter in die Riesenschlucht, in der es reichlich Tropfsteingebilde und etwas unterhalb das skurrile Gnomentheater zu bestaunen gibt.

Bekannt ist die Hermannshöhle auch für ihre Fledermäuse, ist sie doch die artenreichste Höhle Österreichs. »Bis zu 3.000 dieser geschützten Tiere und 17 nachgewiesene Arten überwintern in dem Höhlensystem«, erklärt uns Wielander. »Hier finden sie mit einer konstanten Temperatur von 7 Grad optimale Bedingungen vor.« Die häufigste hier vorkommende Art ist die Kleine Hufeisennase. Unregelmäßig werden sogenannte »Fledermausnächte« angeboten, bei denen man die fliegenden »Vampire« aus der Nähe bestaunen kann.

Info
Hermannshöhlen Forschungs- und Erhaltungsverein
2800 Kirchberg am Wechsel
• www.hermannshoehle.at

Wo einst die Musketiere kämpften
Der größte unterirdische See Europas diente 1993 als spektakuläre Filmkulisse für einen Hollywood-Blockbuster.

Choralgesänge erfüllen die dunkle Höhle, brennende Feuer flackern auf dem Wasser, die Schatten auf den steinernen Wänden künden vom nahenden Unheil. Kardinal Richelieu nähert sich auf einem Drachenboot, sein Ziel ist der unterirdische Eingang zur Bastille.

Das ist die Anfangsszene des 1993 gedrehten Hollywood-Blockbusters *Die drei Musketiere*, die unter dem historischen Pariser Gefängnis spielt und im niederösterreichischen Hinterbrühl gedreht wurde. Das mittlerweile nicht mehr seetaugliche goldene Drachenboot des Kardinals liegt noch immer vor Anker und ist so etwas wie das Wahrzeichen der Grotte.

Wie aus einer Fehlsprengung ein Naturdenkmal entstand
Eigentlich wollte man 1848 in Hinterbrühl nur einen Brunnen graben, doch man fand Gips, den man damals dringend für die Düngung brauchte. Also grub man 64 Jahre lang weiter, bis 1912 durch eine Fehlsprengung 20 Millionen Liter Wasser in den Stollen strömten. Der Gipsabbau war Geschichte, dafür bildete sich mit einer Fläche von 6.200 m² der größte unterirdische See Europas. 1932 wurde die Grotte erstmals als Schaubergwerk geöffnet und entwickelte sich rasch zu einem beliebten Ausflugsziel.

Doch 1944 beschlagnahmte die Wehrmacht das eindrucksvolle Naturdenkmal. Sie pumpte das Wasser aus dem Bergwerk und baute unter dem Decknamen »Languste« mit KZ-Häftlingen aus Mauthausen Rümpfe für eines der ersten Düsenflugzeuge der Welt, die Heinkel HE 162 »Salamander«. Gegen Ende des Zweiten Weltkriegs sprengten die Nazis die Einrichtung, der Stollen blieb jedoch erhalten. Nach dreijähriger Renovierungsarbeit konnte das Bergwerk erneut für Besucher zugänglich gemacht werde.

Ein Guide in Bergarbeiteruniform führt uns durch den langen Triebstollen in bis zu 60 Meter unter Tage. In den hohen Gängen

Der See wirkt durch raffinierte Beleuchtung und Farbenspiele fast magisch.

erfrischt die konstante Temperatur von 9 Grad Celsius an heißen Tagen. In der oberen Etage wurden in Nebenstollen Schauräume eingerichtet, um die wechselhafte Historie des Bergwerks zu präsentieren. Der Festsaal und der Förderturm sind ebenso zu besichtigen wie der Barbarastollen, in dem schon viele Messen für die Bergleute abgehalten wurden. Auch Pferde, die zum Transport der Hunte eingesetzt wurden, lebten hier unten, sie erblindeten in der ständigen Dunkelheit.

Über den Förderberg gelangen wir in die untere Etage zum großen See und dem eigentlichen Höhepunkt der Tour, einer 8-minütigen Bootsfahrt über das aus sieben Grundwasserquellen gespeiste Gewässer. Der 1,2 m tiefe See, der keinen natürlichen Abfluss hat, wirkt durch die raffinierte Beleuchtung fast magisch, die Szenerie wird von mystischer Hintergrundmusik noch verstärkt.

Info
Seegrotte Hinterbrühl
Grutschgasse 2 a, 2371 Hinterbrühl
• www.seegrotte.at

Elfenreigen beim Frauenloch
Um die Höhle im Buchberg rankt sich so manche Legende. Wundersame Tropfsteingebilde regen auch heute noch die Fantasie an.

Gütige weiße und böse schwarze Frauen sollen laut sagenhafter Überlieferung einst die dunklen Gänge im Inneren des Buchbergs bewohnt haben. Nur in klaren Mondnächten verließen sie ihre Höhle und tanzten den Elfenreigen. Der Volksmund gab dem geheimnisvollen Ort daher den Namen »Frauenhöhle« oder »Frauenloch«. Weniger spektakulär, dafür historisch belegt ist, dass Kronprinz Rudolf vor dem abgeschiedenen Platzerl am Höhleneingang während der Jagd gerne eine Rast einlegte. 1928, nachdem das »Frauenloch« von einem Pionier-Bataillon erschlossen und öffentlich zugänglich gemacht worden war, bekam es die Bezeichnung »Allander Tropfsteinhöhle« und wurde zum Naturdenkmal erklärt. Die wohl interessanteste Wienerwaldhöhle weist den vielfältigsten Tropfsteinschmuck der Region auf und ist außerdem Fundort der ältesten Allanderin, einer rund 10.000 Jahre alten Braunbärin.

Ein Schatz und allerlei Getier
Vom Felsentor steigen wir die steile Albrechtsstiege hinunter zum Nixdom, dem ersten Hohlraum. Der hat nichts mit Meerjungfrauen zu tun, sondern mit einem weißen Belag namens Bergmilch oder Nix, der hier die Wände überzieht und einst als Heilmittel verwendet wurde. Die jahrzehntelange künstliche Beleuchtung hat dem Raum zugesetzt, der Bewuchs von Moos und Algen verfärbte den Nixdom grünlich. Vor ein paar Jahren wurden daher LED-Lampen, also kaltes Licht, eingebaut, um gegenzusteuern. Erst in 200 bis 300 Jahren wird man sehen, ob die Aktion Erfolg hatte. Schnell geht in einer Höhle gar nichts, wachsen doch auch Tropfsteine nur etwa einen Zentimeter in 100 Jahren. Gerade darum darf man in dem sensiblen unterirdischen Ökosystem auch nur schauen und nichts berühren. »Wichtig ist, dass unsere Besucher viel Fantasie mitbringen«, rät Guide Alexandra Dietl und zeigt uns ein Gebilde mit dem Namen »Baldachin«. Weiter geht es

Algen- und Moosbewuchs verfärbte Teile des Naturdenkmals.

mit eingezogenen Köpfen zum Hohen Dom. Dort befinden wir uns am tiefsten Punkt der Höhle, 12 Meter unter dem Eingangsniveau. Eine Seitennische verblüfft mit der Form eines überdimensionalen Schlüssellochs. Der Sage nach, so Dietl, sei hier ein Schatz vergraben. »Er wird von einem Zwerg und einem Säbelzahntiger bewacht.« Tatsächlich hat steter Tropfen eine Märchenfigur und das Gebiss der Urzeitbestie aus Stein geformt. Wir klettern auf Eisenleitern Richtung Wurzelschlot, der seinen Namen einem Baum verdankt, der sich oberirdisch, etwa acht Meter über der Decke, befindet. Hier lebt auch allerlei Getier, z. B. Spinnen, Schmetterlinge, Weberknechte und die Höhlenschrecke. Sie ist blind, verfügt jedoch über einen ausgeprägten Tastsinn.

Bei unserem Rundgang begegnen wir rund einem Dutzend Kleiner Hufeisennasen, die ihren Winterschlaf halten. Wir bewegen uns vorsichtig vorwärts. Würden die Tiere frühzeitig erwachen, wäre ihr Leben gefährdet. Beim nächsten Stopp schaltet unsere Höhlenführerin zunächst das Licht ab, vollkommene Finsternis und absolute Ruhe umgeben uns. Nach mehreren Minuten im Stockdunkeln dreht sie eine Soundanlage auf und wir hören die Laute von Fledermäusen. Nur mittels Technik ist es möglich, dass das menschliche Ohr die Hochfrequenztöne von bis zu 200.000 Hertz wahrnehmen kann.

Auf dem Rückweg bestaunen wir die Überreste der Braunbärin, die vor 10.000 Jahren in die Schachthöhle gestürzt ist. Ihr fast vollständig erhaltenes Skelett wird auf einer Plattform an der Originalfundstelle präsentiert.

Info
Allander Tropfsteinhöhle
Am Buchberg, 2534 Alland
Unempfindliche Kleidung und gutes Schuhwerk empfehlenswert.
Die Höhlentour ist leicht zu bewältigen.
• www.alland.at/m/tropfsteinhoehle   155

41 Kriegsstollen, Neunkirchen

Fluchttunnel und Luftschutzraum
Zwei Gänge wurden einst unter der Stadt als Schutz gegen Bomben und Osmanen gegraben und sind bei Führungen zu besichtigen.

Höhlenretter Helmut Kütäubel, ausgerüstet mit Helm und Stirnlampe, hebt einen Kanaldeckel und klettert auf Tritteisen in die dunkle, feuchte Welt unterhalb der Stadt. Wir schlüpfen in unsere Gummistiefel und folgen ihm. 14 Meter unter den Straßen von Neunkirchen liegt ein rund 200 Meter langes Gewölbe, das durch Zufall vor etwa 30 Jahren bei Bauarbeiten (wieder-) entdeckt wurde. Der Tunnel war 1945 von Kriegsgefangenen und KZ-Häftlingen ausgemauert und von der Bevölkerung als Luftschutzbunker genutzt worden. »Ich habe schon Leute durchgeführt, die noch mit Mama und Oma bei Bombenangriffen hier Schutz suchten«, erzählt Kütäubel. Danach geriet der Gang für viele Jahre in Vergessenheit. »Dieser Stollen war wahrscheinlich bereits vor Jahrhunderten ein Fluchttunnel, er führte von den Bürgerhäusern zum Minoritenkloster, das als regionaler Zufluchtsort vor den Osmanen galt«, sagt unser Guide.

Der etwa 1,5 m breite Gang verläuft vom Holz- bis zum Hauptplatz. Kütäubel und sein Höhlenretterkollege Günther Gsenger begleiten Interessierte normalerweise nur auf Anfrage durch die Neunkirchner Unterwelt. Lediglich beim dreitägigen Stadtfest im September darf jeder im Zuge einer Führung den Stollen besichtigen. »Dann ist immer ein Riesenandrang«, meint Kütäubel. Wenngleich die Tour eine ziemlich schmutzige Angelegenheit ist, Schlamm und Wasser reichen oft bis zu 20 cm hoch, Gummistiefel sind empfehlenswert. Der Höhlenretter schmunzelt, als er an einen Besucher im Nadelstreif denkt. »Ich habe ihn gewarnt, dass er sich seine Lackschuhe ruinieren wird. Es war ihm egal«, erzählt er. Wir waten weiter durch die Gänge und werden über unseren jeweiligen Standort informiert. »Jetzt stehen wir direkt unter den Tresorräumen der Bank«, sagt er und deutet mit der Taschenlampe nach oben. Hat sich hier schon mal jemand als Panzerknacker versucht? Kütäubel lacht und schüttelt den Kopf. »Nicht, dass ich wüsste.«

Höhlenretter Helmut Kütäubel führt durch den jahrhundertealten Fluchttunnel unter der Stadt.

Der zweite bekannte Kriegsstollen in Neunkirchen verläuft vom Landeskrankenhaus Richtung Bahnhof. Der Zugang führt nicht durch einen Kanalschacht, sondern durch einen neu errichteten Aufbau und über 80 breite Stufen. Der Gang ist auf einer Länge von 210 m gut ausgebaut. Der Tunnel wurde ab August 1944 ebenfalls von Gefangenen errichtet. Er war als unterirdischer Zugang vom Bahnhof in das Krankenhaus gedacht und diente während der Bombardements ebenfalls als Schutzraum. Als das Spital in den letzten Kriegstagen von Bomben getroffen wurde, starben 37 Menschen. Daran erinnert ein Gedenkstein in unmittelbarer Nähe des Stolleneingangs.

Info
Kriegsstollen Neunkirchen
2620 Neunkirchen
Führungen fallweise bei Festivitäten oder nach Absprache.
Ansprechpartner:
Günther Gsenger 0664/9013346
Helmut Kütäubel 0664/5702641

Wasser, Wind und Holz

NIEDERÖSTERREICH
(MOSTVIERTEL)

WIEN

Donau

• Mödling

• Baden

Wiener Neustadt

•42

△ Schneeberg (2.076 m)

BURGENLAND

• 44

• 43

• Neunkirchen

• Gloggnitz

• Semmering

• 45

STEIERMARK

Bruck an der Leitha

Wussten Sie, dass ... ?

... es in Wiener Neustadt einen <u>Bach</u> gibt, der über sich selbst fließt?

... Raxkönig Georg Hubmer ein <u>Analphabet</u> war und nach seinen Berechnungen ein 400 Meter langer <u>Tunnel</u> durch einen Berg <u>gegraben</u> wurde?

... täglich ca. 380.000 m³ frisches <u>Hochquellwasser</u> nach Wien fließt und den Verbrauch in der Bundeshauptstadt zu 95 Prozent abdeckt?

... der <u>Wiener Neustädter Kanal</u> ursprünglich Wien mit der <u>Adria</u> verbinden sollte?

... im 18. Jahrhundert das Wasser aus der Kaiserbrunn-Quelle von sogenannten <u>Wasserreitern</u> in Fässern in einem 60-Stunden-Ritt an die <u>Hofburg</u> geliefert wurde?

Der Kanal, den die Dampflok überrollte
Österreichs ältestes und längstes Industriedenkmal sollte einst Wien mit der Adria verbinden. Heute ist der verbliebene Teil der
künstlichen Wasserstraße ein vielseitiges und
weitläufiges Ausflugsziel.

In einem Buch über den Kanal entdeckten wir ein Bild, auf dem zehn
Jugendliche in Badebekleidung unter der Schafflerbrücke, erbaut
1800, abgebildet sind, eine Momentaufnahme aus noch glücklichen
Tagen vor dem Zweiten Weltkrieg. Das Foto, datiert 1935, entstand
beim damaligen Lieblingsbadeplatz der Wiener Neustädter. An jener
Stelle, an der die fröhliche Gruppe einst für den Fotografen posierte,
geht schon lange niemand mehr schwimmen. Der Kanal war in der
Vergangenheit jedoch nicht nur Schauplatz von Freizeitvergnügun-
gen, sondern vor allem von harter Arbeit. Ursprünglich zogen Pferde
die eigens dafür gebauten und mit bis zu 30 Tonnen beladenen Kanal-
kähne den künstlichen Wassertransportweg entlang. Ein Pferdeführ-
rer kommandierte die Tiere auf dem sogenannten Treppelweg, der
am Ostufer verlief.

   Heute ist die rote Ziegelbrücke die letztmögliche Umkehr-
stelle für Hobbypaddler. Auch wir wenden hier unser Kajak. Von
nun an geht es stromaufwärts und gegen den Wind. Dass die Rück-
fahrt anstrengender wird, hat uns der Bootsverleiher bereits vor der
Abfahrt prophezeit, wir stechen mit unseren Paddeln kontinuierlich ins Wasser. Dutzende leuchtend blaue Libellen schwirren wie
kleine Elfen um uns herum. Kleine Fische hüpfen aus dem Wasser, eine Entenfamilie schwimmt neben uns vorbei. Wir passieren sogar ein echtes Wiener Neustädter Wunder (siehe Kapitel 8),
und zwar den Bach, der über sich selbst rinnt. Der Kanal fließt
mit dem ausgeleiteten Wasser des Kehrbachs, und an jener Stelle kreuzen sich die beiden Gewässer. Als wir wieder am Steg des
Bootsverleihs, dem Anfangs- und Endpunkt unserer Tour, ankom-
men, waren wir etwa zweieinhalb Stunden unterwegs.

Der Radweg entlang des Wiener Neustädter Kanals führt auch über historische Ziegelbrücken.

Der Kanal, den die Dampflok überrollte

Nach dem Paddelausflug sitzen wir auf der Terrasse des Gasthauses, das der Wirt Andreas Camus samt Bootsverleih betreibt, unter einer schattigen Weide. Insgesamt 16 Boote führt er im Sortiment und verleiht sie bei schönem Wetter von Mai bis September. Die Route beträgt rund fünf Kilometer, vom Steg des Lokals bis zur Schafflerbrücke und retour. Das Fahren kürzerer Strecken mit vorzeitigem Wenden ist jederzeit möglich, Aussteigen aber nicht erlaubt.

»Der Kanal ist nur maximal eineinhalb Meter tief und wenige Meter breit, das Wasser ruhig. Darum ist die Paddeltour auch für Familien mit Kindern geeignet«, erzählt Andreas Camus. Seine Kellnerin hat gerade viel zu tun, die Heurigenbänke sind mit Stammgästen und Radfahrern gut besetzt. Am Lokal läuft der EuroVelo 9 vorbei, der unter anderem durch die Wiener Alpen führt. Der Radweg erstreckt sich auf einer Länge von 1.900 km und gehört zum europäischen Radroutennetzwerk, das die Ostsee mit der Adria verbindet und in Pula, Slowenien, endet. Eine Etappe ist der neu eröffnete »Thermenradweg« zwischen Wien und Kleinwolkersdorf, der weitgehend entlang des Wiener Neustädter Kanals verläuft. Die nahezu ebene und leicht zu befahrende Strecke führt durch 18 Gemeinden, über historische Ziegelbrücken und vorbei an abwechslungsreicher Vegetation.

Ein Wirtshaus mit Bootsverleih am Wiener Neustädter Kanal hat Tradition. Bereits in der Zwischenkriegszeit bis nach dem Krieg befand sich hier in der Nähe, bei der Hohen Brücke, der »Schifferlwirt« Nemec. Nach langer Unterbrechung eröffnete Franz Scherleitner 2002 beim Triangel, einer scharfen Linksbiegung des Kanals, einen ähnlichen Betrieb, der schließlich vier Jahre später von Camus übernommen wurde. Seitdem ist der 59-Jährige am Wiener Neustädter Kanal der Platzhirsch, sowohl als Gastronom als auch als Ausflugsziel.

Der Kanal im Wandel der Zeit

Mit dem Bau des Wiener Neustädter Kanals wurde 1797 begonnen, eröffnet hat man ihn sechs Jahre später mit einer Länge von 56 km von Wien bis Wiener Neustadt. 1811 wurde er auf 63 km bis an die damalige österreichisch-ungarische Grenze auf der Pöttschinger Höhe verlängert. Obwohl es bereits Pläne für den Ausbau bis zur Adria gegeben hat, sollte der eigentliche Zielhafen Triest jedoch nie erreicht werden.

Wasser, Wind und Holz

Der Transport von schweren Gütern wie Ziegel, Holz oder Kohle war plötzlich um vieles leichter geworden, die Hoffnung auf ein Aufblühen der Wirtschaft wuchs, und vor allem Wien profitierte von dem innovativen Verkehrsweg. Lastkähne mit tonnenschweren Ladungen verkehrten auf der künstlichen Wasserstraße und überwanden 50 Schleusen und rund 100 Höhenmeter. In den ersten Jahrzehnten wurden zwischen Wien und Laxenburg auch Personen befördert.

Doch im Laufe der Zeit transportierte man mehr und mehr Waren und Rohstoffe mit der Bahn, die Dampflok lief dem Kanal schließlich den Rang ab. Ab 1879 wurde die Kanalschifffahrt teilweise eingestellt, der Wasserweg selbst auf Teilstrecken trockengelegt. In Wien entstand auf dem ehemaligen Hafengelände der Aspangbahnhof, der verbliebene Kanal versank zusehends in der Bedeutungslosigkeit.

Durch die Übernahme vom Land Niederösterreich konnte eine völlige Trockenlegung verhindert werden. Heute verläuft der künstliche Wasserweg noch auf einer Länge von 36 km zwischen Wiener Neustadt und Biedermannsdorf bei Laxenburg, wo er in den Mödlingbach mündet. Er ist das älteste und längste Industriedenkmal Österreichs. Spuren seiner bewegten Geschichte schlummern neben dem parallel verlaufenden Radweg. Überbleibsel aus seiner Blütezeit sind noch immer erhalten, etwa von Mühlen, Fabriken, Brücken, Schleusentoren oder einem alten Kanalwärterhaus.

Andreas Camus schaut auf den Kanal und gerät ins Schwärmen. »Das ist ein wunderschöner Arbeitsplatz, ich möchte nirgendwo anders sein.«

Info
Bootsverleih Wiener Neustädter Kanal
Rechte Kanalzeile 70, 2700 Wiener Neustadt

• www.schifferlfahren.at

43 Wasserleitungsmuseum Kaiserbrunn, Wiener Wasserleitungswanderweg

Vom Weg des Wassers

Die Bundeshauptstadt wird mit qualitativ hochwertigem Hochquellwasser aus den Bergen versorgt. Der Ursprung liegt in dem kleinen Ort Kaiserbrunn.

»Die Pioniere arbeiteten sich zentimeterweise durch die Felsen, sie stopften Schwarzpulver in den Berg, sprengten Löcher und schafften mühsam das Material ins Freie. In nur vier Jahren bauten 10.000 Arbeiter die Erste Wiener Hochquellenwasserleitung von Kaiserbrunn nach Wien, das war eine enorme logistische, technische und menschliche Leistung«, erzählt Hans Tobler. Seit dreißig Jahren arbeitet er für die *MA 31 – Wiener Wasser* und ist als Betriebsleiter für das Quellgebiet der Ersten Wiener Hochquellenleitung zuständig. Die Mitarbeiter der MA 31 fungieren abwechselnd als Guides im Museum, manchmal führt auch der Betriebsleiter selbst durch das Wasserleitungsmuseum Kaiserbrunn, um Wissenswertes an die Besucher zu vermitteln. »Die Quelle an diesem Ort war der Ursprung«, ergänzt er seine Ausführungen. Laut einer Überlieferung trank Kaiser Karl VI., Maria Theresias Vater, im Jahr 1732 während eines Jagdausflugs im Höllental das frische Quellwasser aus der heutigen Kaiserbrunnquelle. Es muss ihm wohl sehr gemundet haben, denn er veranlasste, dass dieses Wasser kontinuierlich an die kaiserliche Tafel rund 90 km bis nach Wien geliefert werden soll. Man füllte es in Fässer und brachte es mit Pferden zur Hofburg. Die sogenannten Wasserreiter legten die Strecke in etwa 60 Stunden zurück. »Am Kaiserhof wusste man schon damals, wie gesund Hochquellwasser ist«, sagt Tobler. »So gesehen ist in Wien diesbezüglich heute jeder ein Kaiser.«

Einwandfreies Trinkwasser in größeren Städten gab es zu dieser Zeit kaum, die Folge waren oft Seuchen wie Typhus und Cholera. In Wien sollte die Situation mit Anlagen wie der Albertinischen- oder der Kaiser-Ferdinands-Wasserleitung verbessert werden.

Die Wasserqualität der Kaiserbrunnquelle wussten bereits die Habsburger zu schätzen.

1869 begann der Bau der Ersten Wiener Hochquellenleitung im Höllental, zeitgleich errichtete man in Wien riesige Wasserbehälter (Hauptreservoir Rosenhügel und Schmelz). 1873 war die knapp 100 km lange Versorgungsader fertiggestellt. Kaiser Franz Joseph I. eröffnete sie gemeinsam mit dem Hochstrahlbrunnen am Schwarzenbergplatz. Damit konnte die Kaiser-Ferdinands-Wasserleitung außer Betrieb genommen werden, die zuvor die Stadt rund drei Jahrzehnte mit donaunahem, filtriertem Grundwasser versorgt hatte. Es kam trotzdem immer wieder zu Engpässen, daher wurde zusätzlich Wasser aus dem Donaukanal entnommen, was die Anzahl von Erkrankungen wieder kurzfristig steigerte. Gegen Ende des Jahrhunderts war das Bevölkerungswachstum in der Metropole bereits so weit fortgeschritten, dass der Gemeinderat 1900 beschloss, eine zweite Hochquellenleitung zu errichten. Der Bau der Leitung vom steirischen Salzatal im Hochschwabgebiet dauerte zehn Jahre.

Das Aquädukt in Mödling ist ein denkmalgeschütztes Bauwerk.

Bis heute strömt frisches Quellwasser aus den niederösterreichisch-steirischen Kalkalpen in die Großstadt. Seine Reise beginnt in den Gebieten Schneeberg, Rax, Schneealpe (Erste Hochquellenleitung) und Hochschwab (Zweite Hochquellenleitung). Sie dauert 16 bzw. 36 Stunden und fließt ganz ohne Pumpen zum Teil unterirdisch in die Donaumetropole, der Höhenunterschied beträgt bis zu 360 m. Das mehr als 3.000 km lange Wiener Rohrnetz versorgt jeden Tag knapp 1,9 Millionen Einwohner mit durchschnittlich 380.000 m³ Quellwasser.

Die Mitarbeiter der MA 31 betreuen die Anlagen und Einrichtungen, Hochquellenwasserleitungen und das Rohrnetz in Wien 24 Stunden am Tag, sieben Tage in der Woche und 365 Tage im Jahr. Sie kontrollieren und reinigen die Leitungen und führen Messungen durch, die sie an die Einsatzzentrale übermitteln. Auf dem Museumsgelände zeigt uns Tobler einen Schaustollen, der das Innere

Wasser, Wind und Holz

der »Hauptleitung« nach Wien veranschaulicht. »Das ist ein ca. 80 cm breites und meist nur 1,60 Meter hohes Gewölbe, da drinnen ist es ziemlich beengt.« Kleine Elektrofahrzeuge, auf denen die Mitarbeiter sitzen, verschaffen ihnen in den niedrigen Röhren Erleichterung. Bevor der Leitungskanal betreten werden kann, muss das Wasser ausgeleitet werden.

Nach der Besichtigung des Schaustollens folgen wir unserem Guide zur Kaiserbrunnquelle, der Zutritt ist nur in Begleitung eines Mitarbeiters erlaubt. Tief unter unseren Füßen und durch ein Glasfenster sehen wir klares Wasser schimmern, das in kurzer Zeit durch die Wasserhähne und Gartenschläuche der Hauptstadt fließen wird.

Das Museum und der Wasserleitungswanderweg

In Kaiserbrunn wurde 1973 zum hundertjährigen Jubiläum der Ersten Wiener Hochquellenleitung das Haus des ersten Wasseraufsehers zu einem Museum umgebaut. Es dokumentiert seither die Wasserversorgung von Städten in verschiedenen Epochen und alles Wissenswerte rund um die Erste Wiener Hochquellenwasserleitung anhand von Schautafeln, zahlreichen Objekten und Videos. Die Besucher erwartet unter anderem ein Film über Geschichte und Gegenwart der Wiener Wasserversorgung, ein begehbarer Schaustollen, ein Modell des Wiener Wasserrohrnetzes und im Zuge von Führungen ein Besuch der Kaiserbrunnquelle.

Zum 125. Geburtstag wurde 1998 der »1. Wiener Wasserleitungswanderweg« eingerichtet, der durch wildromantische Natur führt. Die erste Strecke verläuft durch das Höllental von Kaiserbrunn nach Gloggnitz, die zweite von Bad Vöslau bis Mödling. Der Weg führt größtenteils entlang der Trasse der Hochquellenwasserleitung, vorbei an Schotterbänken der Schwarza und an Felswänden, durch Wälder und über Brücken. Immer wieder wandert man in Sichtweite von Aquädukten, die vom Wasser auf seiner Reise in die Hauptstadt durchflossen werden.

Info
Wasserleitungsmuseum Kaiserbrunn
Kaiserbrunn 5, 2651 Reichenau an der Rax
• www.wienerwasser.at

Der Holzknecht, der ein König wurde
Raxkönig Georg Hubmer prägte mit technischen Meisterleistungen, sozialen Errungenschaften und viel Durchsetzungskraft eine ganze Region.

»Georg Hubmer war und ist die Verkörperung des Naßwaldes«, sagt Peter Lepkowicz, Chef der Forstverwaltung Naßwald. »Er hat diese Region geprägt wie kein anderer.« In seiner Heimat kennt den Raxkönig alias Georg Hubmer (1755–1833) jedes Volksschulkind, hat er doch durch Ideenreichtum und technische Meisterleistungen ein Holzschwemm-Unternehmen aufgebaut, durch das der Ort Naßwald nicht nur gegründet, sondern seine Einwohner auch ernährt wurden.

Der gebürtige Gosauer Georg Hubmer kam gemeinsam mit seinem älteren Bruder Johann 1782 in den Naßwald. Beide waren Analphabeten, damals nicht sehr gern gesehene Protestanten und bitterarme Holzknechte. Gestorben ist Georg Hubmer als wohlhabender Mann, Pionier und Patriarch einer Region, in der er noch immer als »Raxkönig« verehrt wird.

Mitte des 18. Jahrhunderts war Holz durch die beginnende Industrialisierung und die ständig wachsende Bevölkerung in den Städten ein knappes Gut. Die Brüder Hubmer heuerten damals beim Grafen Hoyos in Schwarzau an. Sie sollten als erfahrene Holzknechte und Holzschwemmer dem Naßwald, damals ein unzugängliches und dunkles Dickicht, den kostbaren Rohstoff abtrotzen. Das größte Problem war jedoch nicht das Abholzen, sondern der Transport über Berge, Täler und weite Distanzen. Also errichteten sie Klausen, um die Baumstämme mit dem dabei aufgestauten und danach abgelassenen Wasser talabwärts zu schwemmen. Auch sogenannte Holzriesen, also Rinnen, auf denen die Stämme idealerweise selbstständig zu einer Sammelstelle (u. a. Klausen) rutschten, wurden gebaut.

Mit Fleiß und Geschick belieferten sie trotz aller Widrigkeiten erfolgreich ihre Auftraggeber, die Hammerherren der Region, und

Das Modell einer Schwemmanlage wird bei Führungen aktiviert.

legten damit den Grundstein für die *Huebmer'sche Schwemm-Compagnie.* Sie holten Holzknechte und ihre Familien, ebenfalls Protestanten, in den Naßwald. Am Höhepunkt seiner unternehmerischen Tätigkeit verdienten rund 400 Waldarbeiter bei Georg Hubmer (Sein Bruder Johann starb früh) ihren Lebensunterhalt, er richtete für sie eine Kranken- und Pensionsversicherung ein und ließ für ihre Kinder eine Schule bauen.

Bald schon sollte die Schwemm-Compagnie auch Wien mit dem wertvollen Brennstoff beliefern. Weil das Holz vom Naßwald dazu nicht mehr ausreichte, wich Hubmer auf andere Wälder aus, allerdings musste er dafür einen 1134 m hohen Berg, das Gscheidl, überwinden. Dazu ließ er einen Tunnel nach eigenen Berechnungen mit selbstgebauten Instrumenten und ohne jegliche Vorkenntnisse durch den Berg graben. Um die Bauzeit drastisch zu verkürzen – Hubmer wollte die Fertigstellung noch erleben –, wurde der 430 m lange Schwemmtunnel von beiden Seiten vorangetrieben, die Arbeiter trafen nach fünfjähriger Bauzeit (1822–1827) exakt aufeinander. Nebenbei ließ er die Holzscheiter mithilfe eines hölzernen Aufzuges, der mit Wasserkraft betrieben wurde, zum Tunneleingang befördern. Vom mittlerweile verschütteten Tunnel sind heute nur noch Reste zu sehen.

Auch sein evangelischer Glaube war ihm sehr wichtig, schuf er doch eine protestantische Insel inmitten eines erzkatholischen Landes. Durch die Toleranzpatente von Kaiser Joseph II. war die Ausübung der Religion ab 1781 zwar erlaubt, gerne gesehen war sie aber noch immer nicht. Dem Raxkönig war das egal, er ließ ein evangelisches Schul- und Bethaus und am Ende seines Lebens auch noch einen evangelischen Friedhof errichten. Hubmer war der erste, der dort beerdigt wurde. Sein Grab wird von der Gemeinde sorgsam gepflegt und ist noch sehr gut erhalten.

Seinem evangelischen Bethaus soll er auf Umwegen auch den Titel »Raxkönig« verdanken. Das Gotteshaus hatte runde Fenster, über die sich die Obrigkeit erregte. Denn nur katholischen Gotteshäusern waren Rundbogenfenster vorbehalten. Als man sich bei ihm darüber beschwerte, antwortete er: »Die Fenster sind rund und bleiben rund!« Ein Beschwerdeführer soll sogar bei Kaiser Franz II. dagegen interveniert haben. Angesichts der Brennholznot in Wien entgegnete der Kaiser angeblich: »Lass' er meinen Raxkönig in Ruh'!« So kam es, dass der Kaiser den Schwemmmeister zum »König« adelte. Der Vollständigkeit halber sei erwähnt, dass es noch eine zweite Version gibt, wie er zu seinem Titel kam. Er soll schlicht auf dem Roman *Der Raxkönig* beruhen, den der Schriftsteller Ottokar Janetschek 1929 verfasst hat. Das klingt zwar ein bisschen glaubhafter, aber nicht so schön wie die Geschichte mit dem Kaiser.

Naßwalder Holzknechtmuseum

Um die Erinnerung an den Raxkönig hochzuhalten, wurde die Gedächtnisstätte Naßwald in Schwarzau im Gebirge gleich neben Hubmers evangelischer Kirche errichtet. Auf dem Areal steht eine nachgebaute typische Holzknechthütte, die mit Fotografien, authentischem Interieur und Werkzeug bestückt ist. Besonders bemerkenswert ist etwa das Richtscheit, ein Vorgänger der Wasserwaage, das Hubmer zur Berechnung des Tunnels verwendete. Gegenüber wurde eine sogenannte »Rindenhütte« aufgestellt. So hießen die bescheidenen Hütten der Holzknechte, in denen sie kochten und schliefen. Eine Holzriese ist ebenso zu sehen, wie das Modell einer Schwemmanlage, die bei Führungen aktiviert wird. Auch »Essen wie ein Holzknecht« ist möglich, bei Voranmeldung und auf Wunsch wird für Gruppen Sterz gekocht. Das nahrhafte Holzknechtgericht wird wie anno dazumal in einer echten Rauchkuchl zubereitet. »Wir verwenden die gleichen Zutaten wie damals, nur das Schmalz ersetzen wir mit Margarine«, erklärt Lepkowicz, der sich gemeinsam mit anderen Einheimischen um die Erhaltung der Gedenkstätte kümmert. »Die ursprüngliche Mahlzeit wäre für uns heutzutage viel zu deftig.«

Eine Bühne, die in der Gedenkstätte integriert ist, wird an mehreren Wochenenden im Sommer vom Naßwalder Laientheater bespielt. Nicht immer, aber oft drehen sich die Stücke um den Raxkönig.

Info

Hubmer-Gedächtnisstätte Naßwald
2662 Schwarzau im Gebirge
Anmeldung für Führungen und zum Sterzessen
beim Wirtshaus zum Raxkönig.
• raxkoenig.at

Windkraft auf Augenhöhe
Weltweit gibt es nur eine Handvoll Windräder mit einer Aussichtsplattform. Gleich zwei davon stehen im Südosten Niederösterreichs.

Beim zweiten Zwischenstopp in ungefähr 40 Meter Höhe sind alle in der Gruppe bereits etwas außer Atem. Insgesamt müssen wir uns 300 Stufen bis zur Aussichtsplattform hochschleppen, zwei Drittel des Weges auf der schmalen Wendeltreppe haben wir bereits zurückgelegt. Unser Guide Tanja Schneller ist die Fitteste »Heute laufe ich schon zum fünften Mal hinauf«, sagt sie und lacht. »Die Führungen ersparen mir das Fitnesscenter.« Die junge Frau erzählt Wissenswertes über die Nutzung von Erneuerbarer Energie und erklärt ein paar technische Fakten zur Anlage.

Die Windkraftanlage gilt mittlerweile als Wahrzeichen der Gemeinde Lichtenegg. Errichtet wurde das Windrad 2003 ausschließlich mit Bürgerbeteiligung und ohne Förderungen. Knapp unterhalb der Gondel (alias Maschinenhaus) installierte man in etwa 60 Meter Höhe eine verglaste Aussichtskanzel, die über eine Treppe innerhalb des Turms erreichbar ist. Normalerweise sind Windkrafträder nur für Mitarbeiter zugänglich, weltweit gibt es weniger als ein Dutzend, die für Besucher geöffnet werden. Im Industrieviertel befinden sich gleich zwei davon. Eine steht in Bruck an der Leitha, die zweite eben im Gemeindegebiet von Lichtenegg.

Das Windrad, Typ Enercon E-66, produziert etwa 3,2 Mio. kWh pro Jahr, die Menge reicht für ca. 700–800 Haushalte. Lichtenegg könnte damit theoretisch autark mit (nachhaltigem) Strom versorgt werden, praktisch wird die erzeugte Energie in das EVN-Netz eingespeist.

Oben angekommen, entschädigt die großartige Fernsicht über die Bucklige Welt für den steilen Aufstieg. Bei klarem Wetter sieht man bis zum Neusiedler See. Am faszinierendsten ist jedoch die ungewohnte Tuchfühlung mit der Urkraft der Natur. Der Boden unter unseren Füßen bewegt sich, die drei Rotorblätter fangen die Energie des Windes ein und erzeugen trotz leichter Brise kräftige Schwingungen und Rotationen. Je nach Windgeschwindigkeit dre-

Die Tuchfühlung mit der Urkraft der Natur ist faszinierend.

hen sie sich 10 bis 20 Mal pro Minute. »Wir bieten Führungen nur bis zu einer Windstärke von 10 bis 12 Meter pro Sekunde an«, sagt Schneller. »Aber auch bei kräftigeren Böen droht keine Gefahr.«

Info
Windkraftanlage Lichtenegg
2813 Lichtenegg
Führungen von April bis Oktober (13–17 Uhr), sonst nach Voranmeldung. Zu Halloween und bei Vollmondnächten gibt es für Gruselfans Spezialführungen.
• www.lichtenegg.gv.at/Windrad

Tipp
Energieforschungspark Lichtenegg
Auf dem Gelände unterhalb des Windrades werden Kleinwindkraft- und Photovoltaikanlagen vermessen. Im Energieforschungspark kann man sich über die Stromerzeugung für Privathaushalte informieren.
• www.energieforschungspark.at

Wundersames, Kurioses und Rekorde

NIEDERÖSTERREICH
(MOSTVIERTEL)

WIEN

Donau

• 48
• Mödling

• 46

• Baden

Wiener Neustadt

△ Schneeberg (2.076 m)

BURGENLAND

• Neunkirchen

• 49   • Gloggnitz

• Semmering

STEIERMARK

• 50
• 47

Bruck an der Leitha

Wussten Sie, dass ... ?

... der ehemalige Direktor des Schönbrunner Tiergartens, Helmut Pechlaner, der Urenkel der berühmten Geierwally ist?

... es in Breitenstein eine Bushaltestelle gibt, die nur einmal jährlich angefahren wird?

... in Mönichkirchen die größte mechanische Landschaftskrippe der Welt steht?

... durch Tauchen am Wechsel die niederösterreichisch/steirische Grenze verläuft und der kleine Ort darüber hinaus auch noch eine burgenländische Postleitzahl hat?

... sich in Wiener Neudorf die größte Rettungsfahrzeugmodell-Sammlung der Welt befindet?

46 Wallfahrtskirche Hafnerberg, Altenmarkt an der Triesting

Wundersames Weihnachtslicht

Baukünstler des Barock inszenierten in der Wallfahrtskirche Hafnerberg ein Naturschauspiel, das alljährlich am Christtag seinen Höhepunkt erreicht.

An der alten Pilgerstraße Via Sacra, die von Wien nach Mariazell führt, liegt der kleine Ort Hafnerberg, der nur aus ein paar Häusern und einer Wallfahrtskirche besteht. Das barocke Gotteshaus, das sich stolz auf einem Hügel erhebt, ist sowohl Zentrum als auch Blickfang des Dorfes und weist eine Besonderheit auf.

Rund um Weihnachten und bei gleichzeitig klarem Himmel wird es zum Schauplatz eines zauberhaften Naturschauspiels. Entdeckt bzw. wiederentdeckt wurde das sogenannte Lichtwunder 2002 zufällig von Christian Haan, dem Organisten der Pfarre, der von dem Erlebnis noch Jahre später tief beeindruckt ist. »Es war in diesem Moment so, als ob jemand einen großen Schweinwerfer aufgedreht hätte. Ich bekam eine Gänsehaut. An diesem Tag war es bewölkt und in der Kirche sehr dunkel. Plötzlich sind durch ein kleines Wolkenfenster Sonnenstrahlen durch das Fenster der Orgelempore deckungsgleich auf die Mutter Gottes und ihren Strahlenkranz eingefallen«, erzählt er.

Der Lichteinfall, der die Madonna punktgenau zum Strahlen bringt, dürfte vor Haans Beobachtung im Dorf unbekannt gewesen oder in Vergessenheit geraten sein. »Vielleicht hat sich das Phänomen zuvor eine sehr lange Zeit nicht ereignet, oder es ist niemandem aufgefallen«, vermutet er. »Es findet ja nur an wenigen Tagen im Jahr statt und ist auch nur bei klarem Himmel zu sehen.« Dann vergoldet die aufsteigende Sonne während der Messe den Raum. Ihre Strahlen wandern von links nach rechts über den Altarraum, oberhalb des Erzengels Michael zur Madonna und weiter zum Anna-Altar. Ist der Himmel komplett wolkenlos, dauert das Spektakel eine Stunde. Das Naturschauspiel wiederholt sich täglich ab der Wintersonnenwende

Das Naturschauspiel ereignet sich nur rund um Weihnachten.

am 21. Dezember bis zum Christtag am 25. Dezember, an dem es um 9 Uhr seinen Höhepunkt erreicht.

Der Organist erzählte damals dem mittlerweile verstorbenen Dorfhistoriker Alfred Bartak von seiner Beobachtung. Der Heimatforscher beschrieb daraufhin in seinem Heimatbuch das Phänomen, auch ein paar Regionalmedien berichteten darüber. »Seitdem kommen auch Besucher von auswärts, um das Lichtwunder zu sehen«, sagt Haan. Das »Wunder« sei aber nicht wirklich ein Mysterium, sondern das Resultat barocker Baukunst. »Wir haben recherchiert und können mit 99-prozentiger Sicherheit sagen, dass dieses Lichtspiel durch die Ausrichtung der Kirche von den Architekten geplant war.«

Eine Anspielung auf die Inszenierung findet sich im Kuppelfresko der Wallfahrtskirche. Im Mittelpunkt ist eine Taube zu sehen, die den Heiligen Geist symbolisiert. Sie sendet einen Lichtstrahl aus, der von einem Spiegel reflektiert wird und die Gottesmutter trifft. Geschaffen wurde das Kunstwerk von dem berühmten Maler Josef Ignaz Mildorfer (1719–1775), der auch das Deckenfresko des Pavillons »Alchemistenküche« im Tierpark Schönbrunn gestaltet hat. Dort kommt es ebenfalls einmal im Jahr, nämlich an Maria Theresias Geburtstag am 13. Mai um 6 Uhr früh zu einem verblüffenden Licht-Schauspiel.

Info

Pfarramt Hafnerberg
Hafnerberg 74, 2571 Altenmarkt an der Triesting.
Führung auf Anfrage.
• www.hafnerberg.at

47 Tauchen am Wechsel oder Steirisch-Tauchen oder Tauchen-Schaueregg

Wo der Amtsschimmel dreimal reitet

Ein Teil des kleinen Ortes liegt in Niederösterreich, der andere in der Steiermark. Die Postleitzahl ist aus dem Burgenland. Das führte zu so manch kuriosen Begebenheiten.

»Wenn ich den Notruf mit dem Handy wähle, geht er in die Steiermark, mit dem Festnetz nach Niederösterreich«, erzählt der alteingesessene Tauchener Florian Schwarz. Der pensionierte Wirt erinnert sich mit Schaudern an den Vorfall vor einiger Zeit. »Ich hatte Schmerzen in der Brust. Weil ich mit dem Festnetz angerufen habe, kam die niederösterreichische Rettung und brachte mich auf die Herzstation nach Wiener Neustadt.« Die diensthabende Oberärztin äußerte ihren Unmut über den eigentlich »burgenländischen Fall«, wohl aufgrund der Postleitzahl. »Wos tuat der bei uns?«, soll sie zunächst gesagt haben, um dann doch einzulenken. »Wos sui ma tuan, wegschicken kenn man ah net, also losstsn hoit do.« Herr Schwarz wurde fünf Stunden später als gesunder Mann entlassen, er hatte keinen Herzanfall, sondern eine Panikattacke.

Wir sitzen in seiner niederösterreichischen Küche und schauen aus dem Fenster direkt in die Steiermark, die ein paar Meter vor seinem Haus anfängt. 43 Jahre lang war Schwarz Wirt und führte eine Pension, beides hat er vom Großvater bzw. Vater geerbt. Tauchen war einst ein beliebter Sommerfrische-Ort. Vor elf Jahren hat der 72-Jährige den Betrieb geschlossen. Vor dem markanten rosaroten Gebäude im Zentrum des Dorfes plätschert der kleine Bach, an dem die Landesgrenze weitgehend verläuft. Während der Besatzungszeit befand sich das Haus in der sowjetischen Zone, wenige Meter entfernt jenseits des Baches waren die Briten stationiert.

Auch lange nach Abzug der Alliierten ist Tauchen am Wechsel noch ein geteilter Ort, wenn auch nur zwischen zwei Bundesländern. Eine Hälfte liegt in Niederösterreich (Gemeinde Mönichkirchen), die

Bei Amtswegen und Alltagsfragen wird es in Tauchen manchmal kompliziert.

andere in der Steiermark (Gemeinde Pinggau). Die Postleitzahl 7421 ist wiederum eine burgenländische, was angeblich in den Wirren der Nachkriegsjahre aus einem Missverständnis heraus entstanden ist. Der Ort soll damals mit dem nicht weit entfernten burgenländischen Tauchen der Gemeinde Mariasdorf verwechselt worden sein.

Tauchen am Wechsel (wenn man von der Autobahn kommt), oder Steirisch-Tauchen (wenn man von der Bundesstraße kommt), oder Tauchen-Schaueregg (wenn man mit dem Zug kommt) umfasst nur rund 100 Gebäude und 230 Bewohner, dreiviertel davon wohnen in der Steiermark. Die Häuser haben unterschiedliche Vorwahlen, ihr Wasser beziehen die Einwohner aus der Grünen Mark, der Strom kommt aus Niederösterreich. Am rechten Ufer des Tauchenbaches, auch Grenzbach genannt, dürfen die Steirer fischen, am linken die Niederösterreicher. Bei Amtswegen und Alltagsfragen wird mitunter streng getrennt, was im Laufe der Jahre zu allerhand kuriosen Begebenheiten führte.

Wo der Amtsschimmel dreimal reitet

Der pensionierte Wirt Florian Schwarz hat in seinem Heimatort
viele Kuriositäten erlebt.

»Die Feuerwehr ist niederösterreichisch, das Feuerwehrhaus
steht aber in der Steiermark«, erklärt Schwarz. »Letztes Jahr hat es
bei einem niederösterreichischen Nachbarn gebrannt, und die haben
mit dem Handy den Notruf gewählt. Die Pinggauer sind schon dage-
wesen, bevor die Sirene in Tauchen losgegangen ist.« Von Pinggau
sind es neun Kilometer, die ortsansässige Feuerwehr war knapp 300
Meter vom Brandort entfernt.

Manchmal konnten die Tauchener auch einen Vorteil aus ihrer
sonderbaren Situation ziehen. Früher herrschte an den Tagen von
Landtags- oder Gemeinderatswahlen Alkoholverbot im jeweiligen
Ort oder Bundesland. »Haben die Steirer gewählt sind sie zu uns
nach Niederösterreich trinken gekommen, haben wir Niederösterreicher gewählt, sind wir über den Bach in die Steiermark gegangen«,
erinnert sich der pensionierte Gastronom. Damals gab es noch vier
Wirtshäuser im Dorf, heute ist nur noch eines übrig.

Auch die burgenländische Postleitzahl sorgte immer wieder für Probleme mit dem Amtsschimmel. »Ich wollte den Besuch einer niederösterreichischen Seniorengruppe mit dem Land abrechnen. Als ich kein Geld bekam, rief ich dort an«, erzählt Schwarz. »Wir fördern doch keine burgenländischen Seniorenreisen«, hieß es aus St. Pölten. Ein anderer Dorfbewohner suchte um seine Pension an und erhielt einen empörten Anruf aus Eisenstadt: »Sie waren nie bei uns gemeldet, wieso sollen wir Ihnen Ihre Rente bezahlen?«

Die Bundesländer-Grenze geht in dem 230-Seelen-Dorf sogar direkt durch ein mittlerweile unbewohntes Einfamilienhaus. Die Familie kochte in Niederösterreich und schlief in der Steiermark. Auch die Räume waren in den jeweiligen Landesfarben blau-gelb oder eben grün gestrichen. Besonders skurril wurde es, als man dem mittlerweile verstorbenen Hausbesitzer den Führerschein entzogen hat, nur für den Bezirk Hartberg wurde ihm eine Fahrerlaubnis erteilt. »Wenn er mit seinem Traktor aus der Garage rausgefahren ist, stand er aber in Niederösterreich«, sagt Schwarz schmunzelnd.

Selbst der Tod ist kompliziert

Früher gab es einen Gendarmerieposten in Mönichkirchen und einen im steirischen Friedberg. Die Steirer amtshandelten auf der niederösterreichischen Seite nicht, selbst wenn das Vorkommnis nur über dem Bach war, und natürlich vice versa. Auch das Bestattungswesen und die Pfarren waren in den 1950er- und 1960er-Jahren noch besonders streng nach Bundesländern getrennt.

Eines Tags entdeckten Gäste von Schwarz' Vater, der damals ebenfalls Gasthaus- und Pensionsbesitzer war, beim Spazierengehen einen Toten in der Nähe und benachrichtigten den Wirt. »Mein Vater ist mit dem Auto zum Fundort gefahren, hat die Leiche hierhergebracht und die Behörden verständigt.« Später stellte sich heraus, dass der Mann in der Steiermark gestorben war. »Mein Vater hätte fast Probleme wegen Leichendiebstahls bekommen.«

Wer wäre eigentlich zuständig, wenn jemand direkt auf der Brücke des Tauchenbachs stirbt? Der Pensionist zuckt mit den Schultern. »A guate Frog. Der Bach ist ein niederösterreichisches Gerinne, die Brücke gehört den Steirern, gebaut hat sie eine burgenländische Firma.« Natürlich, alles andere hätte uns gewundert. Typisch Tauchen eben.

Info
7421 Tauchen am Wechsel
• www.moenichkirchen.at
• www.pinggau.gv.at

48 Sammlung von Rettungsfahrzeug-Modellen, Wiener Neudorf

Der Weltrekord im Keller
Eine Notfallmedizinerin und ein Notfallsanitäter haben bisher knapp 17.000 Rettungsfahrzeug-Modelle aus aller Herren Länder zusammengetragen.

Susanne Ottendorfer stellt ein Rettungsauto aus Marzipan auf den Wohnzimmertisch, das ihr am Vortag von einer Freundin als Geschenk überreicht wurde. Für den Verzehr ist die Süßspeise jedoch nicht gedacht. »Ich werde auf Facebook meine Community fragen, wie ich diesen Kuchen konservieren kann«, sagt sie. Die Notärztin und ihr Mann Siegfried Weinert, ehrenamtlicher Notfallsanitäter, tragen seit Jahrzehnten Rettungsfahrzeug-Modelle jeglichen Typs sowie aus jedem nur erdenklichen Material zusammen und besitzen mittlerweile die weltweit größte Sammlung zu diesem Thema. Weinert hat mit dem ungewöhnlichen Hobby in den frühen 1980er-Jahren begonnen. Als die beiden 1996 heirateten, infizierte er sie rasch mit seinem Steckenpferd.

2012 schaffte das Ehepaar aus Wiener Neudorf mit 12.000 Exponaten den Eintrag ins Buch der Rekorde, inzwischen haben sie sich längst selbst überholt. »Derzeit besitzen wir knapp 17.000 Modelle«, schätzt Weinert. Die genaue Anzahl ändert sich fast täglich nach oben. Ihre lieb gewonnenen Kleinode haben sie im Keller ihres Einfamilienhauses untergebracht, sortiert nach Kontinenten und Herstellern. »Letzte Woche habe ich via Internet ein japanisches Rettungsauto aus den 1970er-Jahren erstanden«, erzählt Susanne Ottendorfer. Manchmal werde sie gefragt, für welches Alter sie suche. »Für mich«, antwortet sie dann und sorgt damit meist für Verblüffung.

Laut eigenen Schätzungen haben die beiden über die Jahre in ihre gesamte Sammlung bisher eine sechsstellige Summe investiert, die teuersten Exemplare lagen jenseits der 1.000 Euro. Das älteste Stück ist eine in Nürnberg hergestellte Rettungskutsche aus dem Jahr 1895. Rund um den Globus durchstöbert das Ehepaar Floh-

Die Anzahl der Objekte ändert sich fast täglich nach oben.

märkte, Spielzeugläden und Modellbaugeschäfte, zuhause wird das Internet durchforstet. Sie suchen und jagen alles, was mit Rettungsdienst und Krankentransporten zu tun hat. Im Keller finden sich Miniaturausgaben von Autos, Kutschen, Zügen, Flugzeugen, Helikoptern, Fahrrädern, LKWs und Transporttieren wie Esel und Kamele. Neben Spielzeug und exakten Modellen werden ebenso zum Thema passende Gebrauchsgegenstände wie Sparbüchsen, Keksdosen, Essbesteck und Seifenspender erstanden. Die Sammlung zeigt auch die Entwicklung des Rettungsdienstes in Zusammenhang mit politischen Ereignissen. Weinert nennt ein Beispiel: »Nach 9/11 wurden Rettungskräfte in den USA jahrelang sehr heroisch dargestellt. Die Spielzeugläden waren dort damals vollgestopft mit Rettungs-, Feuerwehr- und Polizeifahrzeugen.«

Die zweite Leidenschaft der beiden ist Walt Disney. In allen Ecken des Hauses stößt man auf Exponate von und über den Unterhaltungsweltmeister, bei ihren Reisen sind Besuche in Disney-Themenparks stets ein Fixpunkt.

»Wir haben einen gewaltigen Knall«, sagt die Notärztin und lacht. »Seit vier Jahrzehnten arbeiten wir im Rettungsdienst, die Hobbys sind unser Ausgleich und ersparen uns einen Therapeuten.« Jedoch, der Platz im Keller werde bald knapp. Das Ehepaar plant, die Sammlung eines Tages in eine Stiftung o.ä. umzufunktionieren. »Das ist unser Projekt für die Pension«, erzählen sie. Dann möchten beide eine zweite Karriere abseits der Notfallmedizin starten. Als Museumsdirektoren.

Info
Rettungsfahrzeugmodell-Sammlung
2351 Wiener Neudorf
Besichtigung nach Absprache möglich.
Kontakt: ambulance@ambulancecollector.com
Facebook: ambulancecollector.com

Kolossales auf dem Kreuzberg
Der wahrscheinlich größte Rhododendron Europas ist über hundert Jahre alt und trägt einmal jährlich 40.000 Blüten.

Da ein Selfie, dort ein Schnappschuss. Das liebste Fotomotiv der Wanderer am Kreuzberg ist der grüne Rekordhalter gleich hinter der Speckbacher Hütte. Seit mehr als hundert Jahren wächst dort Europas größter Rhododendron unaufhörlich und hat sich mittlerweile auf einer Fläche von 140 m² ausgebreitet. Sein Umfang misst über 40 m, von Mitte bis Ende Mai trägt das mächtige Buschwerk 40.000 rosa-weiße Blüten. Warum die anspruchsvolle Pflanze auf der Lichtung so wunderbar gedeiht, könnte an dem sauren und humusreichen Boden und am Klima in 1.089 m Höhe liegen. »Die wächst von selbst, wir machen gar nix«, sagt Wirt Helmut Pirchmoser. Der Tiroler und seine Frau Alexandra haben die Speckbacher Hütte seit 2014 gepachtet und versichern, dass niemand das Botanikwunder gießt oder düngt.

Angeblich hat Baron Nathaniel von Rothschild (1836–1905) den Setzling im 19. Jahrhundert vom Himalaya mitgebracht, drei Jahre nach seinem Tod wurde die Pflanze an ihrem heutigen Standort von Mitgliedern des alpinen Vereins »d'Luftschnapper« angepflanzt. Die Hütte, einst das Jagdhaus des Barons, wurde 1927 von der *Alpine Gesellschaft Speckbacher* erworben und zur rustikalen Unterkunft für Wanderer umgebaut.

Die Pirchmosers achten darauf, dass überall dezente Hinweise auf die Sommerfrische-Tradition ihrer Hütte zu finden sind. Unter anderem ist an der Außenwand eine Tafel angebracht, auf der die Vereinsleitung anno dazumal »das Verweilen im Badekostüm in den Speiseräumen oder im Parke in unmittelbarer Nähe des Hauses« verboten hat. Schwarz-Weiß-Fotos erinnern an die erste Speckbacher Hütte auf der Rax. Sie war 1907 eröffnet worden und musste später der Ersten Wiener Hochquellenwasserleitung (siehe Kapitel 43) weichen.

Alle Jahre wieder im August fährt ein Bus
Auf dem Areal vor dem Traditionsbetrieb entdecken wir noch zwei

Seit 1908 wächst und gedeiht die Rekordpflanze hinter
der Speckbacher Hütte.

Besonderheiten. Aus Baumstümpfen wachsen hölzerne Gesichter
und Figuren, Überbleibsel der hiesigen Maibäume. Jedes Jahr nach
dem Fällen schnitzt der Künstler Harald Pillhofer alias *Stein Art* Kunst-
werke aus dem jeweiligen Baumstrunk. Trotz dieser Fantasiegestalten
ist die Bushaltestelle vor der Speckbacher Hütte noch wunderlicher,
oder besser gesagt, der dazugehörige Fahrplan. Die Station wird nur
an einem einzigen Tag pro Jahr angefahren, nämlich am 15. August.
Dafür fährt die Linie 1754 an diesem Tag gleich zweimal, um 13.18
Uhr und um 16.35 Uhr. Klingt kurios, ist es auch. Die logische Erklä-
rung: An dem einzigen Feiertag im August finden in vielen Gemeinden der Region Kirtage statt. Dann kutschiert ein Bus die Kleinen,
die noch keinen Führerschein haben, und die Großen, die ihn nicht
verlieren möchten, zu den Veranstaltungen.

Info
Speckbacher Hütte
Speckbacher Straße 51, 2673 Breitenstein
• www.die-speckbacher.at

50 Modellpark »Erzherzog Johann«, Mönichkirchen

Kleine Welt mit Weltrekord

Die Miniaturwelt am Wechsel zeigt Modelle berühmter Gebäude und die größte mechanische Landschaftskrippe der Welt. Sämtliche Exponate hat Erbauer Ernst Faller im Alleingang hergestellt.

»Für Architektur und Geschichte hab' ich mich schon immer interessiert«, sagt Ernst Faller bescheiden, als er über sein Lebenswerk spricht. Der 73-Jährige ist von hagerer Statur, hat ein freundliches Gesicht und trägt trotz frühlingshafter Temperatur seine obligatorische Wollmütze, die er nur kurz für ein Foto mit einem Steirerhut tauscht. Laut medizinischen Prognosen sollte der Steirer schon seit Jahrzehnten im Rollstuhl sitzen, da er an einer Krankheit leidet, die Muskelschwund verursacht. »Der Neurologe hat mir damals gesagt, ich soll mir ein Hobby suchen, mit dem ich ständig in Bewegung bleibe«, erzählt er. Zum Zeitpunkt der düsteren Diagnose war er erst dreißig Jahre alt. Faller beherzigte den Rat des Arztes. Er ging in seine Werkstatt und baute zunächst das Modell eines Bauernhauses, das Geburtshaus einer Freundin stand Pate. Danach wagte er sich an ein größeres Projekt, das Hotel Panhans. »Ich bekam mehr und mehr Übung, die Gebäude wurden aufwendiger und größer.« Der handwerkliche Allrounder besorgte sich Pläne der Objekte, machte Fotos und Skizzen. Bei der Durchführung arbeitete er mit verhältnismäßig einfachen Mitteln, er verwendete Bauplatten und als Außenhaut Polyester, um seine Konstruktionen witterungsbeständig zu machen. Zum Schluss bemalte er die Modelle. Zusätzlich goss er kleine Figuren aus Kunstharz.

Im Laufe der Jahre fertigte Faller um die fünfzig Modelle von Gebäuden an, die wie kleine Spiegelbilder ihrer imposanten Vorbilder wirken, darunter das Schloss Belvedere, die Schönbrunner Gloriette, der Grazer Uhrturm, die Gletscherbahn Kaprun und die mondänen Semmeringer Sommerfrischeklassiker Südbahnhotel oder

Der Modellpark ist das Resultat von Ernst Fallers
außergewöhnlichem Hobby.

eben das Panhans. Das Resultat dieses außergewöhnlichen Hobbys
ist seit 1982 an der Panoramastraße am Wechsel bei der Ortsein-
fahrt von Mönichkirchen zu bestaunen. Der Modellpark »Erzherzog
Johann« erstreckt sich auf einer Ausstellungsfläche von 4.000 m² und
ist dem Café Kernstockhaus angeschlossen, das von Franz Könighofer
geführt wird. Der 60-jährige Wirt ist der Betreiber der Miniaturwelt und das Patenkind von Ernst Faller. »Anfang der 1980er-Jahre
wohnten wir noch in Feistritzwald«, erzählt Könighofer »Irgendwann
standen 15 Objekte in unserem Garten, schließlich ist uns der Platz
ausgegangen. Also suchten wir einen Gastronomiebetrieb mit einem
großen Grundstück. So sind wir nach Mönichkirchen gekommen.«

Die Modelle, alle im Maßstab 1:12 bis 1:15, stehen eingebettet
auf Grünflächen zwischen dekorativen Sträuchern oder auf künstlichen und echten Felslandschaften. Zwischen den Miniatur-Pracht-
bauten finden sich zudem Nachbildungen von spartanischen Bau-

Kleine Welt mit Weltrekord   187

Zwischen Mini-Prachtbauten finden sich auch Modelle
historischer Bauernhäuser.

ernhäusern. Darstellungen von der Butterherstellung in den Tauern
oder dem Fensterln, eine in die Jahre gekommene Art der Braut-
werbung, erzählen vom Brauchtum und dem Leben der einfachen
Landbevölkerung. Auch auf den Namensgeber des Parks, Erzherzog
Johann, stößt man mehrmals, etwa auf sein Mausoleum oder das
Geburtshaus von Anna Plochl, seiner großen Liebe. Das mit ca. vier
Meter höchste und wohl auch aufwendigste Gebäude im Park ist
die Wiener Karlskirche, das Belvedere das längste. Faller hat auch
mechanische Spielereien eingebaut, sie funktionieren mit Bewe-
gungsmeldern. Da sprudelt plötzlich eine Wasserfontäne aus einem
Springbrunnen, dort stiehlt ein Fuchs ein Huhn aus dem Hendlstall.

Ein häufiger Besucher des Parks ist Helmut Pechlaner, der
ehemalige Direktor des Schönbrunner Tiergartens. Er war mitver-
antwortlich für ein besonderes Exponat. »Pechlaner ist der Urenkel
von Anna Knittel, die als Geierwally berühmt wurde«, erzählt König-

Wundersames, Kurioses und Rekorde

hofer. »Er hat uns von ihrem Geburtshaus, das mittlerweile leider völlig umgebaut wurde, zwei vergilbte Fotos mitgebracht.« Anhand der Bilder konnte Faller den Bauernhof als Miniatur rekonstruieren. Sein Glanzstück ist die größte mechanische Landschaftskrippe der Welt. In den Jahren 1996 und 1997 schaffte er damit den Eintrag ins Buch der Rekorde. »Damals hatte sie eine Fläche von 75 m², mittlerweile sind es 120 m²«, sagt Faller. Der Steirer hat das Neue Testament ins Gebirge verlegt, von der Verkündung bis zur Auferstehung, nur die Darstellung von Moses' Bergpredigt ist aus dem Alten Testament. Auch hier hat er viele Bewegungsmelder eingebaut. Passiert man die Anlage, schaukelt etwa die Krippe mit dem Jesuskind.

Ernst Faller sitzt während der Saison an der Kasse, bei der Pflege der Grünanlage geht ihm Könighofer zur Hand. Der Gastronom übernimmt auch Führungen von Gruppen. Weiterwachsen wird der Park wohl nicht mehr. »Der vorhandene Platz ist fast ausgeschöpft«, erklärt Faller. Außerdem nehme die Instandhaltung der Modelle sehr viel seiner Zeit in Anspruch. Und jünger werde man auch nicht.

Info
Modellpark »Erzherzog Johann«
Café Kernstockhaus, 2872 Mönichkirchen 112.
• www.moenichkirchen.at/Erzherzog_Johann_Modellpark_Kernstockhaus

Tipp
In den Himmel schaukeln
Schon die Fahrt mit dem Sessellift der Sonnenbahn auf die Mönichkirchner Schwaig zum Schaukelweg ist ein Erlebnis. Von der Bergstation geht es knapp drei Kilometer auf einen Schaukelerlebnis-Rundwanderweg. Knapp 20 Stationen mit unterschiedlichsten Schaukeln, Wippen, Karussellen, Pendelsitzen, Wiegestühlen und Hängematten fordern zum Austoben oder Relaxen auf. Die »Almschaukel«, eine Aussichtplattform mit Hängebänken auf 1.350 Meter Seehöhe, ist sicherlich das Highlight auf dem Themenweg. Zurück bei der Bergstation hat man die Möglichkeit, den Weg ins Tal rasanter zu gestalten. Mit Rollern und Mountaincarts geht es auf einer 2,5 Kilometer langen Naturpiste durch Wälder, Wiesen und Schotterwegen bergab.
• www.schischaukel.net

Quellen- und Literaturhinweise

Alma Mater: *Die Geheimnisse der Burg zu Wiener Neustadt. Das Magazin zur Ausstellung 2019 in der Burg zu Wiener Neustadt.* Chefredakteur Kurt Arbeiter, erschienen 2019

Bachtrögl Robert: *Die Nadelburg – Ein Denkmal vom Beginn des Industriezeitalters.* Heimatverlag 2010

Bakos Eva: *Vom Mostviertel zum Semmering. Niederösterreich südlich der Donau.* Wien 1998

Baumgartner Senta, Pruckner Othmar: *Die Gegend hier herum ist herrlich. Reisen zu Dichtern, Denkern, Malern und Musikern in Niederösterreich.* Wien 1992

Beethoven in Baden. Für den Inhalt verantwortlich: Ulrike Scholda, Abteilung Museen der Stadtgemeinde Baden. Baden 2018

Gans Hannes: *G'schichten vom Land. Ausflugsziele in Niederösterreich.* Wien 2002

Gruber Alexandra, Wolfgang Muhr: *50 Dinge, die ein Niederösterreicher getan haben muss.* Wien: Styria Verlag 2018

Gruber Eva: Semmering – Rax – Schneeberg: *22 Wanderungen. Erzählt und fotografiert von Eva Gruber.* Oberhaching 2015

Hofmann Thomas: *Es geschah im Industrieviertel. Neuigkeiten und Bilder von damals.* Schleinbach 2018

Krupp stadt museum BERNDORF: *Berndorfsilber. Tafeln mit Stil. Besteckkultur von 1843 bis heute.* Berndorf 2017

Lange Fritz: *Von Wien bis zur Adria. Der Wiener Neustädter Kanal.* Erfurt 2003

Rella Christoph: *Historisches Postamt 2671 Küb. Nostalgisches Juwel am Semmering. Eine kleine Geschichte der Post im oberen Schwarzatal.* Schwarzach 2019

Zeisel Hans, Jahoda Marie, Lazarsfeld Paul F. *Die Arbeitslosen von Marienthal. Ein soziographischer Versuch.* Frankfurt am Main 1975

Onlinequellen

- www.wieneralpen.at
- www.niederoesterreich.at
- www.wienerwald.info

Weiters wurden unter anderem diverse Informationsschriften, der in diesem Buch vorgestellten Sehenswürdigkeiten und deren Websites, die in den Infokästen genannt sind, als Quellen herangezogen.

Besonderen Dank an:

Anneliese Thiele, Petra und Jochen Thiele, Monika Iglar.

Markus Fürst, Gerda Walli, Katrin Zeleny (Wiener Alpen in NÖ Tourismus) und Bernhard Ichner für zahlreiche Tipps und Infos; Christof Bieberger, Sabine Pachler und Yesim Akcay fürs Korrekturlesen; Bernadette Wielander und Christian »Komponischt« Reimeir, für ihre Fotos, die wir verwenden dürfen.

Weiters danken wir folgenden Personen die uns mit Informationsmaterial und vor allem mit ihrer Zeit unterstützt haben: Georg Zwickl und Helene Srnec (Ghega-Museum), Peter Pasa (Vinodukt), Susanne Dragschitz-Pacher (Schneebergbahn), Selma Karnitsch (Hohe Wand), Alfred Pottenstein (Myrafälle), Franz Singer (Steinwandklamm), Heribert Schutzbier (Mannersdorfer Wüste), Josef Kleinrath, Guido Wirth (Kasematten Wiener Neustadt), Oberstleutnant Thomas Lampersberger (Militärakademie Wiener Neustadt), Pater Walter Ludwig (Stiftspfarre Neukloster), Reinhard Keimel, Gottfried Zach (Flugmuseum Aviaticum), Vanessa Höfler (Café Bernhart), Susanne Schmieder-Haslinger (krupp stadt museum), Dorothea Langer (Berndorfer Stilklassen), Robert Bachtrögl (Nadelburg), Reinhard Müller (Die Arbeitslosen von Marienthal), Robert Rendl (Pecherei Rendl), Hilde Kuchler (Gläserne Burg), Franz Rieder (Zinnfigurenwelt Katzelsdorf), Philipp Waldhans (Lebzelterei Rachenzentner), Barbara Weninger, Andrea und Georg Blochberger (Eis Greissler), Michaela und Christian Blazek (Villa Wartholz), Carola Lindenbauer (Farkas Villa), Christoph Rella (Historisches Postamt Küb), Edgar Bauer, Gerald Hahnl (Südbahnhotel), Peter Pasaurek (Fischauer Thermalbad), Wolfgang Mastny (Schloss Laxenburg), Horst Neumann (Trabrennbahn Baden), Bernd Rehberger, Wolfgang Lobisser (Keltisches Freilichtmuseum), Anna Grohs (Römerstadt Carnuntum), Johannes Paul Chavanne (Stift Heiligenkreuz), Sr. Maria Regina (Karmel Mayerling), Vanessa Staudenhirz (Dr. Karl Renner-Museum), Friederike Fida (Josef Schöffel Mödling), Heike Jeromin (Beethovenhaus), Ulrike Scholda (Stadtmuseen Baden), Karin Weber-Rektorik (Stadtmuseum Traiskirchen), Wolfgang Stiawa, Helmut Heimel (Triestingtaler Heimatmuseum), Helga Weidinger, Barbara Lorenz (Puppen- und Spielzeugmuseum Baden), Barbara Wielander (Hermannshöhle), Walter Schmaddebeck (Seegrotte Hinterbrühl), Alexandra Dietl (Allander Tropfsteinhöhle), Helmut Kütäubel (Kriegsstollen, Neunkirchen), Andreas Camus (Bootsverleih Wiener Neustadt), Hans Tobler (Hochquellenwasserleitung), Peter Lepkowicz (Hubmer-Gedächtnisstätte), Peter Ramharter, Tanja Schneller (Windkraftanlage Lichtenegg), Christian Haan (Hafnerberg), Florian Schwarz (Tauchen), Susanne Ottendorfer, Siegfried Weinert (Rettungsautomodell-Sammlung), Helmut Pirchmoser (Speckbacher Hütte), Ernst Faller, Franz Könighofer (Modellpark Erzherzog Johann).

Zahlreiche Institutionen und weitere Personen haben dankenswerterweise Informationsmaterial und weiterführende Informationen zur Verfügung gestellt.

Alexandra Gruber

ist in Oberösterreich geboren und seit über 20 Jahren glückliche Wahlwienerin. Sie ist Journalistin und Mitautorin mehrerer Sachbücher. Mit Wolfgang Muhr veröffentlichte sie zuletzt bei Styria »50 Dinge, die man in Niederösterreich getan haben muss«.

Wolfgang Muhr

wurde im Südburgenland geboren. Vor über 30 Jahren hat es den Oberwarter nach Wien verschlagen. Gemeinsam mit seiner Koautorin widmet er sich mit Begeisterung dem Aufspüren von Sehenswürdigkeiten und Attraktionen.

Fotos: Willfried Gredler-Oxenbauer

Bildnachweis

Alexandra Gruber: 22, 27, 57, 63, 118, 153, 171, 179; Wolfgang Muhr: 2 (Hausstein, Muggendorf, Myrafälle), 13, 14, 17, 19, 21, 25, 29, 30, 33, 34, 37, 38, 43, 44, 47, 49, 51, 53, 55, 61, 65, 67, 69, 70, 73, 75, 77, 79, 80, 83, 85, 87, 91, 93, 95, 97, 98, 101, 103, 104, 107, 108, 113, 117, 125, 126, 129, 131, 133, 134, 135, 137, 138, 141, 142, 145, 147, 155, 157, 161, 163, 165, 166, 169, 173, 180, 183, 185, 187, 188; Badener Trabrenn-Verein: 109; Bernadette Wielander: 115; Stift Heiligenkreuz / Elisabeth Fürst: 121; Stift Heiligenkreuz: 123; Christian Reimeir: 151; Alfred Bartak: 177; Willfried Gredler-Oxenbauer/picturedesk.com: 8 (Wiener Neustädter Kanal)

STYRIA
BUCHVERLAGE

Wien – Graz
© 2019 by Styria Verlag
in der Verlagsgruppe Styria GmbH & Co KG
Alle Rechte vorbehalten
ISBN 978-3-222-13638-2

Bücher aus der Verlagsgruppe Styria gibt
es in der Buchhandlung und im Online Shop
www.styriabooks.at

Cover: 20-Schilling-Blick, Foto: Michael Liebert
Rückseite: Schloss Laxenburg, Foto: Wolfgang Muhr
Buchgestaltung: Beton.studio
Projektleitung und Lektorat: Johannes Sachslehner

Druck und Bindung: Finidr
Printed in the EU
7 6 5 4 3 2 1